浙江潮第八期

憲法

●地理

●中國地質略論……索子

▲第一緒言▲第二外人之地質調查者▲第三地質之分布▲第四地質上之發育▲(第五)世界第一石炭國！▲第六結論

●傳記

●中國愛國者鄭成功傳……匪石

▲第七節清鄭書詔往來之一年間

●科學

●說鉭……自樹

◎大勢(二種)

●世界一般大勢

●近世工商業之現象……鐵拳

●各國內情

●德國國勢之進步……慧僧

◎談叢

●野獲一夕話……匪石

▲元▲明▲文八股▲洪王宮聯▲杭州淨慈寺僧所述

◎所聞錄

●浙江人聽者！賣我浙江礦產者聽者！！●浙江大學堂之近狀●官逼民反●馬玉崑果有尾從征俄軍之說乎●那拉氏之借款慶壽●俄國之滿洲順民

◎專件

●爲杭紳高爾伊盜賣四府礦產事敬告全浙紳民啓

◎雜錄(三種)

浙江潮第八期目錄

癸卯八月二十日

◎警告
●敬上鄉先生請急速設法令高爾伊毀棄賣礦契約并力圖善後書
▲附○致高紳爾伊書
◎圖畫
●浙江全省十一府新地圖（其七）金華
●張公煌言像●錢公肅樂像●紹興勝景（其一）柯巖（其二）蘭亭
◎社說
●新社會之理論……大我
▲篇一概念▲篇二新社會之過程▲篇三新社會之主義
◎論說
●近時二大學說之評論……飛生
▲發端▲第一節兩說之總評▲第二節新民說之評論
◎學術（六種）
◎政法
●國際法上之國事犯觀……獨頭
◎哲理
●哲學綱領……師孔
◎歷史
●憲政發達史……辟文
▲第一章懸論▲第二章拿破崙憲政潰裂與四元同盟之幻影▲第三章神聖同盟之助長

目錄

●東報隨譯
●支那人之國家思想●支那歷史上之外交觀●滿洲俄軍之實況●清廷之拒絕
●瑣談片片 二十二條
●留學界記事
●記吾浙同鄉特別會
◎小說
●愛之花……儂更有情
第三回 幻夢空花談哲理 冷風熱血葬情魔
●返魂香……喋血生
●戀愛奇談……儂更有情
◎調查會稿
●浙江省會學校一覽表●紹興全府當業架本調查表●紹興府城內書鋪一覽表●甯波奉化縣學校一覽●浙省銷場稅之一斑

購閱畧則

一定閱本誌在東京者可函向本發行所掛號每期當按址寄送作內地者可就近向上列各代派所購取或逕寄函本社亦可但必須將報費郵資先行付下自然按寄無誤

一向本社定購者由本社發給收條向代派所定購者由代派所發給收條遇有已付報資而報未能按期送到者可憑收條向原定處函索

售報價目表

全年十二冊	半年六冊	每冊
三元二角	一元七角	三角

本誌原有旁註頗不明晰自七期起删訂如左(一)用日幣者照表八折(二)向申杭總發行所批售逾十分者照表八折(一)每冊加郵費二分全年二角

廣告價目表

洋裝一頁	洋裝半頁	一行(四號十七字五號二十二字起碼)
七元	四元	三角

惠登告白者須於本編定期發刊之前交到價須先付登長年半年者當格外從廉

本誌緊要告白

一本誌杭州總發行所現已移至**下城頭巷錢盆和木器店對門**又新添上海棋盤街**國學社**爲本誌**總分派所**特此聲明

一本誌第四期第五期業已售罄而索購者猶紛紛不絕現已**再版**不日出來

浙江同鄉會贊助員續捐題名

郭外峯先生　月捐日金伍圓五月起

前次刻作閏月起係爲手民所誤本會無任歉仄今特敬謹改正

宓浩如先生　捐墨銀拾圓

葉保衡先生　捐墨銀拾圓

葉晉笙先生　捐墨銀拾圓

同鄉會幹事敬啓

張公煌言像

錢公肅樂像

紹興勝景（其一）

柯巖

紹興勝景（其二）

蘭亭

敬上鄉先生請急速設法令高爾伊毀棄賣鑛契約并力圖善後書

此函除繕寫馳告外恐未周知謹刊簡端至祈　公鑒

敬啓者某等羈旅異邦。心念宗國顧瞻時局百憂若海。顧以爲外人之欲吞噬我中國也必從鑛產入手鑛產之與鐵路本爲伴侶之物各國鑛路所及之處即爲各國權力所及之處而中國自此長隸屬於他人矣前者

警告

側聞杭紳高子衡（名爾伊）擅以浙省四府礦產勾引外人高紳從中分其餘利是以一己之私而盜賣全浙於外人也例之賣國罪何所異近日風聞益緊聞政府已將調印果爾則全浙土地自此非復我有在高紳貪一己之利不顧大局妄行逆施惟悍然思逞其欲然吾浙人士若熟視無覩不發一言是則引盜入室顛覆祖宗丘墓之鄉不獨高紳一人之罪亦全省紳士之咎也某等越在海外憤慊填膺已於中歷八月十四日合寓東京橫濱全浙士商會議僉謂高紳盜賣礦產禍及全省萬不能聽其胡行嗣後若有外人開採礦產之事須

歸全浙紳士公議。此爲地方所應有之權利。用敢特請

諸鄉先生即日集衆開議責問高紳令其罷廢前約。高紳當自顧身家聲名必不至目無一人敢抗全浙人士之怒一俟高紳條約毀棄之後一面即當會同紳商。設局招股畧仿湖南辦法以絕外人覬覦之心而收回本國莫大之利源是某等所不勝切望者也某等念切桑梓而去國道遠鞭長莫及用特發函請　諸鄉先生合議辦理某等更當竭力以遥爲　諸鄉先生之援事機切迫不容稍遲應作如何辦理惟　諸鄉先生實圖維之並候　見示某等翹企待命之至。

警告

◉附致高紳爾伊書

頃者數接鄉音始稔意人已在衢嚴一帶勘察鑛脈父老垂詢利害未及裁答而日報旬報又喧傳某紳盜賣全浙鑛產可弋利每百萬之十二萬金一時輿議沸騰集矢執事某等竊焉疑之夫以一私人而鬻全浙十五兆人之公有產以個人私利而陷浙人世世子孫於他族利益範圍勢力範圍之內此即以路易朕即國家之威勢臨之猶無以善其後雖甚狂愚猶却顧焉謂賢如執事而屑為此曾憶執事一赴台灣再典團勇智略膽力罕有其匹加以急公義不辭勞怨又若根於素性而境遇之優年力之富俱足副之洵鄉先達之後勁諸青年之前導哉雖然外人狡猾之謀如狐如狼尙不足狀其可畏可怖之情緒跬步之誤已成鑄鐵而海上逐臭之夫為虎作倀導盜入室但牟薄利罔顧大局或者執事本不欲為之而諸奸人之以執事為奇貨也且意人垂涎浙江匪朝夕矣曩者沙門灣之役猝焉駛輪江陰以巨砲之口與督署作對待之方向欲藉哀的美敦書之能博峴帥一諾峴帥屹然不為動卒怏怏而去今乃不以威

爲而以計取一公司耳儼安然攘我浙人四千年遺傳之寶藏十二萬之餌南澳土人捕猩猩之技耳何拉丁人之智也吾國勢至今劣種之人奴色繪之瓜分圖言之增唏聞者增醜若滿洲鑛權若山東鑛權若蜀若黔已入於俄德英意之手最近者又若張翼之棄開平金鑛而飾其名曰華俄合辦不知二十世紀之中國新舊洋債將盈千兆而蓋藏久虛菁華盡失他日交通部防禦部諸大製造計將安出想在執事更事較深其愴念時局義憤塡膺當更有甚于某等者乃以壬人之言重貽覆國之戚竊爲執事不取也彼紿執事者固曰商會與國是無涉也華洋合股借彼族之貲金闢我國之利源也鑛事就緒而市井貧民得遂生計也然印度之奴于英也非僅僅八萬磅金之商會覆之乎蘇彝士運河之股票埃及以財政困難而與英法謀之英相狄爾畢忌法之分其運河權乃於一夜間集股金一千萬磅鬻之越數日始宣之下議院而埃及今已不啻爲英領土非合股之成效乎白澳洲命名之原因千八百五十一年歐人始於巴沙士附近覓得一金鑛不數年而澳人遂以此一金鑛而奴其利於澳

警告

人生計幾何哉執事試重思之吾浙自衢案就緒內地民人之抗外者一變而爲媚外固也然此事果成浙人聞執事不義之名必有與執事反抗者曩者鄞人李某將開奉化銀山奧之鑛原議抽花利每百分之五與地方義舉其名義尙非不正鄉民以鑛泉妨害農業力拒之卒中止竭執事之力不過殺二三無辜之民藉行其恐喝主義已耳然苟大之而牽涉於國際而執事豈復能置身局外雖然爲執事計猶曰得半而失半也台灣被圍時有巨富林紳者具以虛實告日軍冀市私德焉至台城陷而日人盡藉其產而收之想執事固稔聞之矣執事謂中國能自强乎能自强則不當以國家成立之礎社會發達之需而贈之他族十九世紀後固世所稱爲金類開化也謂中國已絕望乎已絕望則每百萬之十二萬又何愛焉又何利焉且執事之主持鑛務也將以生我浙人而非死我浙人也然聞執事所爲藏之筐篋猶恐其不固謀之閨闥猶慮其不密得毋曰此君家事無與外人乎吾浙人苟有一隙之明一息之喘必不能俯首帖耳任君之絡頭穿鼻不敢一較而置子孫宗祊之計於不顧且亦思他

日者欲使吾國與歐美諸國立於對等之地位則凡鑛苗繁茂之地皆工業建造之場既主宰自人則操縱由彼將奴顏婢膝乞憐他族乎抑盟之於先而即寒之乎將使今遊學於美於德於日本諸青年俟其學成回國而以他族之小工人位置之乎抑逆知浙人全省之力不足擔斯任乃不謀之同胞而謀之異族乎是誠東西各國產業史之奇策也雖然知者千慮必有一失昔曾文正公謂外人要挾皆難屈從惟挖鑛一事借外國開挖之器與中國永遠之利尙可一試辦由是觀之雖賢如曾文正尙不免蔽於眉睫執事之心亦可以昭示浙人矣悲夫權利盡失大命亦淪瞻我後人竄身何所惟我皇祖實深恫之某等與君宗社同居處同祖宗丘墓之鄉同非秦越之異情而甘苦之異味也某等之害即執事之害故不憚披瀝陳之冀執事之翻然變計以保全浙人固有之利益倘以爲激怒執事而以速君之成議則某等之罪誠擢髮難數矣願不棄芻言辱賜瓊言不勝屏營待命之至

警告

社說

新社會之理論

大我

篇一 概念

猛虎鬪我前群魑瞰我後上有危石之顛墜下有溶岩之噴涌我心所觸如攢萬鏃而何暇裕調文墨爲雖然吾敢揭一言以質之我社會曰國家榮瘁之最初基礎何在耶人生觀之最終目的何在耶

試置吾人於沖積層時代搏猛獸跨龍礱衣革啜腥歌嗚嗚爲樂其時但重母系不知父系既無家安有國然而社會之雛形已具矣其勇猛雄鷙之精神固貴衛同類矣嗣是緣崖而巢臨水而杙轉徙逐水草營畜牧爲家族之制酋長之制政治上之畫律即社會上之權輿也嗣是而農業組織則有農業社會工業組織則有工業社

會商業組織則有商業社會其農業社會工業社會商業社會皆社會之析形而大團體中之小團体也嗣是而契約立而國以名其位於社會之上流者曰君曰孤曰卿尹其位於社會之下流者曰士庶等級遞差名義糾錯然居是名者類皆誕育於是社會中取儲於是社會中非降自天非湧自地非挹注自他族故其目的物舍社會安甯進步以外無他冀也若道德若宗敎若文藝若軍隊皆達此目的之附屬物也準乎是則知社會者本有共和政之性質而決不含帝政王政貴族政之元素準乎是則知政治者本可以社會機關之力溶解之而置政治於社會問題之內是故健全之國家必無萎敗之社會而萎敗之社會決不能造健全之國家此其大則也

人生觀之概要二曰軀体之快樂曰精神之快樂曰軀體物質也曰精神靈魂也合而觀之是曰人間然世界之大義俠大軍人大探險家其能建轟天地垂日月之偉烈者要必區肉體爲一界靈魂爲一界例如醫者之刳腹斷股以藥餌滯其神經而受者毫不覺苦痛也例如人之體量同而智量異也假而曰精神之愉快必由軀體生也徒以飲以食以敖以游而人類早退處於劣等脊椎動物之列假而曰合軀體

而言靈魂是我也舍軀體而言靈魂非我也執是以衝決靈魂不滅之說然精神之結果卽視此百年易逝之身爲歸宿我旣未解逃之深山大澤絕跡人類又不能舍此一星球而遁於他星球以避物競之劇烈則必於我社會期安寧期進步是職而以遂人類遺傳性之好勝心好譽心好革新心吾所爲祖精神之快樂者此也

不見十九世紀中之新社會乎革命之荒神爲爛爛之炯眼戛戛之足音自佛蘭西而橫行豁步於全歐大陸者豈僅福祿特爾盧騷輩之精靈爲之倀乎夫社會之演新改良必非一原因得而導之爆裂也要必有遠因近因正因負因雜沓奔赴其中促之使旦夕不得安其故態佛之革新也其遠因則闡明天職蕩滌奴性之學說疾言悚論縱橫馳辨之舌戰也其近因則宮庭之逸侈無度權族苞苴固寵虐歛盈私而下民窮蹙靡所控訴也其負因則殺黨人誅偶言緹騎遮道檻車纍纍播其腥穢殘酷不可思議之淫威也其正因則實驗家之吸收新理教育家之陶鑄國民也推之而日耳曼聯邦而英吉利而西而葡而澳而意其結果微有差異者亦以其各各原因之方向爲定今者行其國華厦公園都且麗矣銅像巍巍植馳道矣屠沽下走

游行於汽車電車態揚揚矣琴自奏也耜自耕杼自織工自成器也電气蒸气代人力鋼具鐵具易職工極之天地中至小之一微塵莫不潤而爲雨鑠而爲光以呈新社會莊嚴燦爛之觀固令人瞪眙驚顧企仰無已矣然當其發軔時萬端之阻礙蔽其前百事之恐慌乘其後與今日我社會中之頹苶僨亂窮愁苦痛殆無二軌其時思索力之銳者體力之健者時間之富者與夫工詩想者嫺音樂者精美術者各各恪共天職犧牲其身以供新社會之組織故魯意樸論確定新社會之原則曰視各人能力之多寡從而區別其負擔義務之輕重易言之人若有二倍於人之體力必有二倍於人勞働之義務人若有十倍於人之智力必有十倍於人謀畫之義務故才智愈大義務亦愈大而弱者貧者不可不借貸於強者智者何則才智賦於天天之所與不可諉也其所謂盡天職者豈貽狡童以牟利祿圖酬報逞私智之口實哉彼其主唯心論者即其所以拔人格於奴坑也其主唯物論者即其所以遏教徒之狂燄也其大資本家大企業家卽循其發達階級膨亨國力非素志於吮吸社會之脂膏也雖然彼政治上之革命甫已而經濟上之革命又起由是增傭銀減時間而

工場條例保險事業貯蓄銀行相踵以起凡社會之所利靡勿興也由是而斐洲覆澳洲白始僅首於社會中數人之謀終乃併吞之爲公利務使無一夫失所之歎凡他社會之所害靡有恤也今且寖寖及於亞矣然則我社會之前途果何如果何如革命之荒神其亦繇歐襲亞而作世界大同盟哉

篇二新社會之過程

今試觀我社會十年中之現象舊社會退步之速與新社會進步之速不可持綴計退者必列於淘汰之數進者必居於適存之數生理學之公例然也以內界言則同一民族而新舊非有二部分爲搏噬不相下之勢其曰新舊亦猶適存不適存之名以外界言聚數植物於由土而地質之榮養力僅是則一榮一萃澤不兩全其榮者必具衝突之權力者也人類以知能之權力爲衝突之權力故惟具高尚之人格者得保其種然則社會者民族主義之領土也使有淘汰無適存而民族亡使有舊社會無新社會而此一社會厠於米洲烟顛人之永爲山番非洲尼苦落人之降爲奴族已矣例如萬國勞働同盟其所宣言無人種之別無宗教之別無國界之別所公

認也而華工一逐於非律賓島再逐於合衆國矣例如萬國國際平和裁判軍事上之競爭所公認也而以對我族則爲他日要挾地矣迺猶匿居暗室自詑無災不其恫與

夫自舊社會觀之京師糞壤也守令蛇虺也固揆之萬喙而一致也由無意識生貪慾貪慾生欺詐生罪惡生奴隸生淫生盜賊而媚異族而殺同種種種敗德不暇覼縷介以一言曰彼非惟不知華盛頓拿破侖而并不知湯武爲何如人彼非惟不知拉丁族偸通族而并不知黃顱爲何如人亦有聞之齒冷者乎

是故世界文明之事業而使無意識者爲之則敗象立見又其甚者可亡國可滅種鐵路權者交通部兵部之命脈也而無意識者則以他族之恐喝要挾而貸之鑛產者世所稱十九世紀之金屬開化也而無意識者則悍然肥一人之私冐萬衆之怒而鬻之（如遼東鑛業一奸商稟請承辦而私鬻與俄人與浙鑛鬻與意人等然我浙人概不承認）學校者道德高尚之地也而無意識者則視爲戚黨盤踞之地子孫世襲之位警察者因憲法而成立者也而無意識者則視爲差委保甲之缺捕索

志士之方報館者社會言論之機關世界之明鏡也而無意識者則舍博徽利瞻妻子而外無他計習外國語者所以溝通學問維持國際之樞軸也而無意識者則舍細崽剛白惰而外無他求不意其以四千年來文化薈萃之社會至今日而爲百鬼夜行之縮圖也他若飾膚淺之哲學侈大同之美名叩其旨趣殆如泡幻又或道聽途說辨論雄橫翻雲覆雨不可究詰至若以侵奪爲權利以猥鄙爲經濟學以敷衍之故策陰險之社交而謂善用外交手段種種敗德不可覼縷介以一言曰無意識者而期以文明之事業猶食莿以充飢飲鴆以止渴也然不一瞬而若而人者亦回漩於舊社會之渦中以去

夫社會過程之公則二曰糅雜各文明之質素而同化之如小亞細亞之文化達於地中海沿岸迄中世紀逾愛魄士山而北其例也曰文化之型式印於人心沿此系統之枝幹而昌大之如非澳土人其所遺傳無一可稱述之事實而遂定以劣種之名其反例也兼是二者則新社會之基礎定而其發展由此矣然彼當上古希臘羅馬時專鞭撻奴隸役使生產降至中古貴族專擅農僕士隸之風猶存焉豈市民與

而貴族仆其時組織文化悉柄自市民至十九世紀末始達於第四級之平民時代焉若我社會殷助周徹共產制度閱千餘年乃由平民時代而爲貴族時代復由貴族時代而爲奴隸時代既奴矣又何言彼愈演而愈上此愈演而愈下何若是比例之不侔也則請仍以前例解之曰是惟無同化力故閉關自守膠守盲從久之久之寖成習慣然試觀今日濱海之區與夫揚子江流域蓬勃鬱發勿可遏抑而環顧昔日文化所及之地亦復易塵垢之形骸炳神明之曙光而又擇其脆弱不適存者時時汰之以即於新此即新社會過程之現象也

篇三新社會之主義

醫之有衛生術治療術將以保身體之康寧而消弭其苦痛也社會主義者將以增人間之福祉而消除其厄難也普及之衛生術治療術也或云是主義之錫名導源近代纔六十年千八百三十五年英人洛撲賽因慧氏創一社曰各國民各種屬之協會世以氏注意社會改革非計政治改革故名之曰社會主義名其社員曰社會黨厥後被適用於近似諸主義及諸黨派然或由社會入手而以政治爲目的或由

政治入手而以社會爲目的其組織異其期望同且一主義立而能左右萬人之心屏除習俗一切塵障之觀念協乎天則幾於平衡是其原理必由心理而定衡決現存一切罪惡之網羅使秩序重整支配悉當是其系屬必由倫理而定雖庸有抗激過甚之行與夫躐階級不法自然貽消末議然各各社會異其政異其俗故其趨嚮亦異且奉之者固寶貴之逾於金玉而創之者之必求諒於世不爲欺詐之行如皦日之可共信也今社會主義之披靡歐美爲雷奔電掣山摧海嘯之奇觀者非共產主義與極端民主主義之二大現象乎是固白人之輸入品而未可漫不介意者

(甲)共產主義　是派創於法人罷勃 Baboeuf 其後勁則猶太人埋蛤司也 Karl marx　今之萬國勞動黨其見象也

其原理曰土地與資本生產之資也若地主若資本主何需乎土地資本離土地資本主而依然存在也若材產基於先占必至後起者無立錐地若財產基於勞力必至後起者無勞力地且機械既盛工金愈貶彼勞力者終無爲地主爲資本主之日故必廢私有相續制而歸於國有

曰勞働者爲地主資本主壟斷其生產機關由是生屈從生社會之窮困生精神之卑屈爲政治上服從之原因

曰勞働之結果即天然之報酬今日生產力益益盛當使勞働者之報酬益益加人益益幸福今彼坐而攫其利是盜賊也今勞働者與市價同低昂是劣等動物也

曰如悟人類神聖之勞働而使土地資本歸於國有其生計費以時匀計之平均一日六時已足今勞働者至十二時十三時尚不足贍其生是貧者富者非關系的事實而絕對的現狀也

夫必一躍而登於天廢一切階級緊言平等勢固不能然有非地主非資本主而朘削社會之脂膏以供通古斯族二百萬人之衣錦炊玉恣逸樂於翠帳之中更或加取之而贈之他族焉更或未饜其慾而肆淫威焉而猶號於人曰滿漢一家其使飢者凍者終不悟勞働之神聖絡頭穿鼻唯牛馬是賢也

(乙)極端民主主義　　是濫觴於法人帕洛吞 Proudhon 而俄人勃寗 Bakounine 司克納爾 Schirnel 其代表也今俄之虛無黨其見象也

其原理曰凡社會中曰私曰己。而爲人類差別之性質者。冀士也。

曰理想者。人雖以聖視之。而漸加敬焉。然其自由之界日狹矣。理想之觀念。僅僅吾人精神作用之創造物耳。執是以招自由之進步。迷而已。進步何在。在吾之足。在我性。脫離觀念世界之役使而已。何則。我性造物主也。自由教吾人云。汝之身自由耶。而其何者爲汝之身。不言也。我性呼吾人云。汝之身其蘇耶。以吾人之一惡我離一惡又我即也。我之自由先天也。而求此先天之自由爲妄想。爲迷念。自由烏乎至。自由必以力達之而始至。而存此力者。我而已。予之權力予之財產也。予之權力與予。以財產予之權力。我自身也。而自權力而始爲予之財產權力者。權利也。現存之權利。皆外至者也。予之權利。神與國家與自然。皆不能與予。予之有權利耶否耶。唯一之裁判。我而已。

曰國民者。不論州與村。異其衆寡。皆可自主。可自由。有自治之權利。國家者。以一人之意志而曰與全體國民相一致。是即專制也。專制者。侵奪人之權利者也。

曰離社會主義而言自由特權之壟斷也。不義也。離自由而言社會主義。奴隸制度也。野蠻也。

曰今多數之人民。富何有。教育何有。權力何有。雖如牛馬力之生富。營營其心。成燦爛之黃金世界。彼等明日求一飯不可得。何則。奴隸也。吾人畏此世紀永沈於悲酸愁苦之境。吾向於同胞。非饔飧之問題。智能自由與人道之問題也。

曰今之敵。非地主。非資本主。政府官吏也。捨志士之身。奔走盡瘁於社會中。行鐵血手段。天職也。

曰以天罰而加之虐政家。開彼等之血路。天與之權利也。吾人天與之權利。辯舌也。筆也。劍也。銃也。爆裂彈也。陰謀也。青年者今日豈猶豫之秋耶。

噫異哉。孰知彼之窮愁憤歎。怨聲若雷。即我舊社會之撮影哉。夫壓制之政。猶破屋然。纍巨石加其上。所壓愈重。崩愈速矣。以彼處虐政下。渴望自由。非伊朝夕。且觀於千八百七十五年。裁判所之國事犯七百七十人中。女子居總數之二。有老者。有少者。有形容憔悴面黧黑者。有妍麗絕世者。皆能抱潔白堅貞之德。奮雄鷙壯烈之行。辯舌也。筆也。劍也。銃也。爆裂彈也。陰謀也。皆彼等所有事也。犧牲一身。視天尺咫。呻

吟於鐵窓間如樂土也女子梭伊亞氏帛羅司拉氏曰男之性劣於女噫我社會中青年愧無地矣

（未完）

盈耳無非賊與蠻
俘囚視息亦何顏
投誠博寵翻蒙賤
守正嬰羅未許頑
誰謂人心眞盡死
敢云故物不應還
終宵飲恨呼宗祖
寒雨疏疏淚共潸

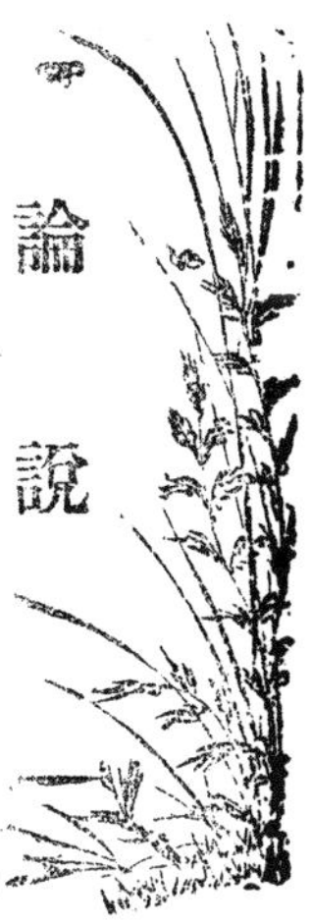

近時二大學說之評論

飛生

發端

于近今學界上有二說焉爲一般學子所習聞而於一切思想界上有影響者則新民氏之新民說與夫東遊者所稱道之立憲說是也

立一主義焉將欲使國民聞吾之言而有所警惕焉有所動作焉有所改革而進步焉則不可不於其國民之性質與夫傳來之歷史而最要者尤莫如其羣治根本的組織上下深沈之觀察而得其根本之所在夫然後可以下藥石也苟不爾者理非弗精焉義非弗通焉而其言不適于其國不適於其時或差一級焉或差一線焉則無論其言之不行於時其甚也且將繆以千里而流爲禍故理弗論是非惟求當于

時。今新民氏之言曰。國也者積民而成。未有其民惡陋怯弱渙散混濁。而國猶能立者。故中國之亡國民之自亡之也。茲說也吾無以難之也。爲立憲者之說者。民權弱者其國危。民權昌者其國强。民權何在。曰議院。曰憲法。夫國未有政綱不立而補苴罅漏能有濟者也。茲說也亦無以難之也。雖然理則當義則通矣。然茲說也。其果適于中國之時勢與事實與否。其果能于中國羣治組織上下適當之觀察而得其根本與否。使我中國國民聞茲說其果能有所改革進步與否。則吾今日所欲研究之問題也。嗟乎此數千年之古國乎。大風忽來搖搖欲墜。當時之人非盡冥頑不靈也。則亦有號者呌者呼者哭者辨論者。卒無所補救而底于滅亡。此區區亦不過于歷史上添一段餘悲而已。讀四客政論。吾又不知其涕之何從也。

雖然吾更有說於此。吾今之作。是篇非與新民氏及主張立憲者言也。吾爲吾國民之讀新民說讀立憲說者告焉。人之見解各隨其歷史境遇而異。不可以相强也。且言者之責任與聽言之責任又有異。言者但使其言之足以成理。其責任已完。聽言者則非徒理而已。不可因其理而誤解焉。尤不可不自有一主見立其理之上而因

而讀之也解之也

新民也立憲也理非弗是焉義非弗通焉顧我以爲救今日之中國尚差一間尚差一間

第一節　二說之總評

使中國之歷史能如日本之成一完全民族國而戊戌變法能如彼之所謂大政維新則今日之新民說與夫立憲說誠可爲根本之理論切要之政策矣惜也理論有進步而事實無進步故理論與事實愈去愈遠也且論者亦知今日中國之亡其原因果何在而今日救亡之法其道當何由乎吾請舉其根本言之而二說之價値乃可得見其眞而下評判也

弱國與病國有分別今日之中國病國也非弱國也以治弱國之手段治病國其亡必矣夫覘一國之成敗興亡之大原則視其智愚賢不肖之位置而已賢智者在上愚不肖者在下羣治組織之公例也由其賢智之程度之高下人數之多寡而國之强弱以判焉雖然即弱也但使其組織之順序果能合乎羣治之公例則未有不可

論說

爲治未有不可漸致于强者也譬之於樹樹雖小而枝葉根本各得其所未有不生長者也若今日之中國則枝葉入乎泥土之下而根乃曝于空氣之中其位置既全乎倒置此其所以根本腐敗而非有空前絕後之手段不能救也（中國賢智之位置倒置原因則觀雲氏之民習論言之最切附錄一節以備考）

當其河山已非宗社方墟之日一二秉英雄豪傑之性者未嘗不并志壹氣焦慮困心欲出萬死不顧一生之計紾之於他人之手而光復我祖宗之舊物而被捕縛遭殺戮徒黨屠醢而家族覆滅者踵相接此皆一一摧傷民族之志氣者也（中略）方是時其能俯仰新朝而災禍不及其身者必其怵于勢懾于力改志易慮蠖屈無聲氣以求苟全其性命者也不然必其入山之深入林之密爲耕傭野老以藏身而不顧聞利害治亂當世之事者也不然必其閒閒汶汶塞聰墮明受時勢之大震動而曾不激刺于其腦性但能行尸走肉飲食男女以延祀姓者也不然必其或有大不得已者而遂受其衣冠拜其祿食行其朝廷以示無他而不欲爲之設一謀畫一策行與心違旋進旋退以終其身者也不若是者則必黨心

于富貴利祿。蠅營狗苟。爲虎作倀。挾其小知小能。一技一長。與其媚悅迎合之技。以博取功名勢力。而不復知天地間有廉恥氣節之事者也。夫以一種之人。所謂有豪傑英雄之氣骨者。既已銷亡。不得延其種類而傳其性質。而得意當世子孫蔓延者。非黠巧之夫。即庸懦之輩。則其人種之不能立于世界競爭之場。蓋可知也。

是故治今日之中國。更正其貴賤賢愚爲第一階級。其次而後進不肖者使賢。進愚者使智之事。可得言也。而後立憲議院之制。可得行也。今第一級未破。而欲第二層之事。治中國。更望其迂廻而轉至第一級。璨非弗善也。其如不能下喉何。此二說之病之同者也。

總而言之。則新民說不免有倒果爲因之弊。而立憲說則直所謂隔靴搔癢者也。今將二說分論之。而聊貢其一得之愚如左方。

第二節　新民說之評論

新民氏之言曰。苟有新民。何患無新制度新政府新國家。而問其若何而可得新民。

論說

則曰新民云者非新者一人而新之者又一人也則在吾民之各自新而已茲言也則吾之所最不敢贊同者也夫論民族興亡之原而歸乎其性質則性質云者有秉之自天然者有受之于地理歷史之遺傳影響者遠者且在不可窮詰之種性近者亦積自千年百年之前亦既習之成性矣一旦而欲改革之固非一議論之所能奏功亦斷非十年數十年之所能見效獨不見夫歐洲之改革乎夫社會者國家之母也則社會改良國家自能變易面目而何以百年來政治之改革痕跡顯然而社會改良則至今尚百口沸騰而莫得其端倪也故自理論上言則有新民固何患無新政府而自事實上言則必有新政府而後可得新民也何者政府者民之代表也代表其羣者必其賢智之過于其羣者也賢者教不肖智者教愚則政府者固有新民之天職在也夫使政府而果賢且智焉則政府之教民也固當如新民氏之言矣若曰爾其自助爾其自新今政府既不能擔任其天職而乃不思易而置之而仍教之以自新不教之以變少數短年易變之政府而教之以新多數積重之民俗吾知其事之萬不可期而又不得代此蚩蚩者向新民氏一訴寃也夫治治國則當用繁賾

之法治亂國則當用單簡之法教文明强悍之國民則當平心靜氣以立其遠大之基教野蠻柔弱之國民則當單易直捷以鼓其前進之氣反其道而用之未有能濟于事者也

新民氏曰。今之動輒責政府者抑何不智。又曰。責人不責己此中國所以不能維新之大原。又曰。各委棄其責任而一望諸家長吾以謂國民者對于國家而負其監督政府之責任者也舍此之外吾未見有責任之更大于此者矣吾正患其不能責政府耳苟其能也則中國何至于今日也且夫吾中國之政府則又與外國異譬之甲乙二人有二事焉甲以事委諸丙而從而指導之焉監督之焉乙以事委諸丁悉與之權而不顧問也苟二事悉敗則丙之責任爲重乎丁之責任爲重乎中國之政府丁之類也四萬萬人悉舉其權而委之其責任愈重則責之宜愈嚴理勢之必然也」夫變俗之事亦未始不可期雖然有其道也則有一震撼雷霆之舉足以使沈睡之腦一震而耳目能一新是也善夫嚴子原强之言也歸其本于智德力而救急則歸于一震蓋深知智德力之進之有道而救時之要當在是也新民氏之宗旨與嚴氏

同而于篇末一節未有留意焉所以言焉而不免有病也

嗟乎吾今勿言理論矣請以事實論之十年以來吾國民智識之進步奚若而政府者割地也賠欵也礦約也商約也路約也凡茲數端無一事不可以使我世世子孫永失其立國之資格而長爲奴隸永永沈淪萬刼不復者也而其罪惡之尤大者尤莫如失信用于國民使之自生亡國之感夫以前之種種原因以至今日則新民氏之言至矣然循是比例以往智識自然進步之速率其能勝異族經營事業之進步與否吾恐即有新民終不能自存于天地間也而况乎其必不可得耶

要之新民說者史論也非政論也敎育家之言非新聞記者之言也勿以政論視新民說則新民說固近今有數之文字也新民氏聞我言其以爲何如（未完）

按新民立憲二說皆係個人私言本不得謂之學說日本人所謂「不健全之思想」是也惟襲用日名究嫌不洽而又難得適當名詞姑設是名以待改定

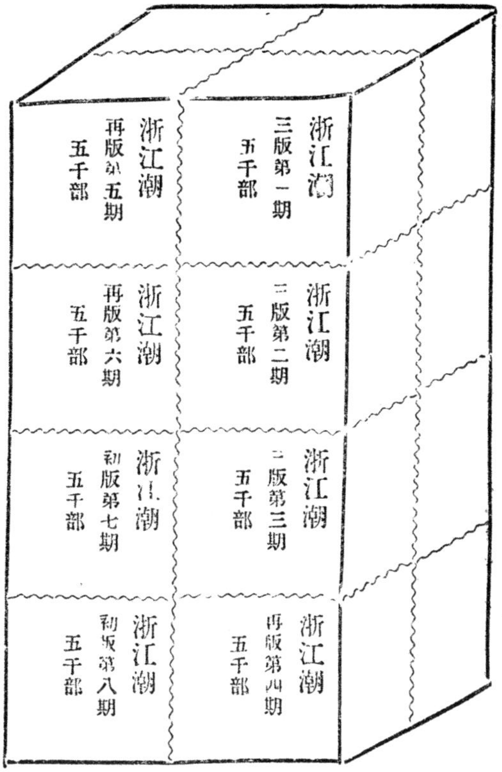
浙江潮
三版第一期
五千部
浙江潮
再版第五期
五千部
浙江潮
三版第二期
五千部
浙江潮
再版第六期
五千部
浙江潮
三版第三期
五千部
浙江潮
初版第七期
五千部
浙江潮
再版第四期
五千部
浙江潮
初版第八期
五千部

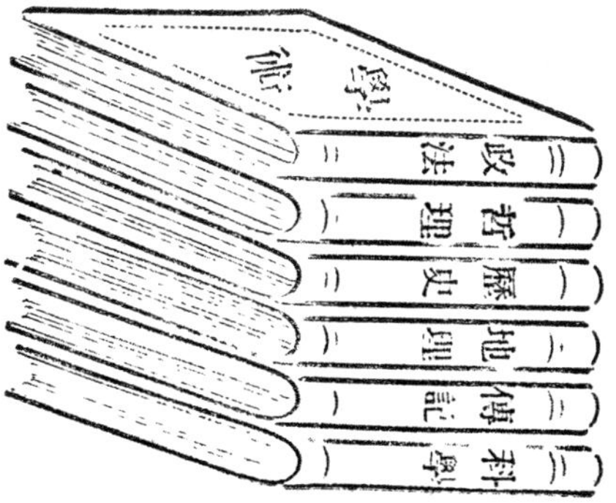
學術
政法
哲理
歷史
地理
傳記
科學

本誌緊要告白

本誌創辦以來已逾半載承海內外　愛讀諸君直接間接索購紛至同人無任感激惟是開辦之始悉由留學海外之同鄉諸子撙節學費草創從事故一切預算概從簡畧現在每期除印資實貼若干不計外其餘小包郵便費運送費等賠累亦屬不貲不得已於本誌第六期定價表內改正每冊另加郵費貳分現定自第七期起即行實施至以前定購全年者自難補加（限至第十二期止）定購半年者于第六期發行後適相過割續定零購及補購前半年者須一律照加同人爲維持本誌起見照此辦理每期尚不過收回郵費運費等之半額

愛讀諸君乞垂諒焉至歐美暹羅越南檀香山及南洋各埠須視日郵索取之多寡隨時酌定若遇其額過大時（例如本誌每期寄海外各報每冊向用日郵八分首版第三期增多二十餘頁郵局即索一角二分）本誌發行所當量用帮貼總不令　愛讀諸君耗重費也再者此後申杭各總代派所歸結賬目時此項郵費概無折扣合併聲明

政法

國際法上之國事犯觀

獨頭

緒論：不引渡主義之公認：不引渡主義之理由：專制國不引渡主義之反對：一八九六年中國逮捕國事犯事件：逮捕事件之批評：結論

關國際刑法之制度。當歐洲未改革宗教以前。有所謂『隱匿權 Asylum』者。當是時各國因宗教衝突。互相煽動。互相嫉視。甲國逋亡之人民。乙國反保護協助之。以妨害其治安。以侮辱其國權。故犯罪者一經逃亡。如享有一種之權利。斧鉞不能加其身。自近世文化大開。交通頻繁。人類關係之線。日織日密。國際禮讓之觀念。日益發展。而國際刑法。亦以利害共同為目的。雖國法莫及之地。得假國際的刑罰權以懲治之。於是罪人引渡 Exradition 問題。乃不能等閑視之矣。

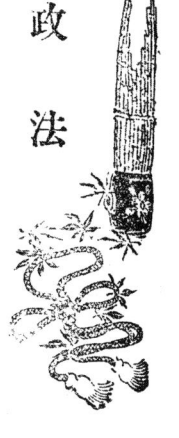

罪人引渡云者居留乙國之甲國罪人乙國有送還之義務是也近世國際法學者認罪人引渡之制度爲相互的利益爲國際的義務載諸法典訂有專約雖然引渡之種類以限於私罪爲原則而公罪不與焉公罪者何即反對政治上之秩序之國事犯 Infractions politiques 是也自近世學說昌明以人類與惡德及暴君宣戰爲人類之天職不得以普通之罪惡例之故國際的刑罪權不能加於國事犯之身試證諸列國罪人引渡法 The extradition law 比國法律第六條曰『凡國事犯不論主從不得引渡當定明於條約中』英國法律第七條曰『犯罪行爲經國務大臣認爲有政治的性質者不得引渡且有保護之權利』若合衆國雖無明示之法律觀對待西班牙之國事犯事件一八六四年西班牙玖巴島知事逃匿合衆國大統領命引渡之時輿論嘩然可知矣其若德若法若荷蘭之引渡法亦大同小異雖僻處東方之日本於明治廿八年布罪人引渡條例而國事犯亦不與焉惟我中國既無定律又無專約僅於修好條約中列一不明法理不指種類之條欵而已參照一八四七年三月瑞典那威條約第廿九條一八五八年六月合衆國條約第十八條一八五八年六月法國條約第三十二條一八六六

○年俄國條約第八條之七欵第十條之三欵一八六一年九月德國條約第三十二條一八六八年英國條約第三十一條一八六三年七月丹馬條約二十一條一八六三年十月荷蘭條約第六條一八六四年

西班牙條約第十八條一八六五年十一月比利的條約第四十三條一八六六年十月伊大利條約第二十二條一八六九年九月墺國條約第三十六條一八八一年十月巴西條約第十條一八七一年日本條約第十二條

攷歐美各國不引渡主義之公認。以英國爲嚆矢後漸入大陸。而固其根蒂。雖然。其所以不引渡者。殆非無因焉。

一爲性質上之理由凡人民之生命財產主權之三者皆爲天賦之權利人所不能侵犯者也苟有犯者必科以罰此萬國所同認者也若國事犯之犯罪行爲不基於敗德而基於熱心不基於惡性而基於迷信不基於道德之墜落而基於精神之憂慮故國事犯之性質不違背社會生活之原則不認爲各國法律之公敵

一爲歷史上之理由試讀近世政治史若華盛頓之於美利堅瑪志尼之於伊大利西鄉隆盛之於日本當其始也以匹夫草澤微末之勢與雷霆萬鈞之政府相衝突莫不指爲叛黨目爲匪徒斥逐誅夷亦不遺餘力焉至民智已開人心已固獨夫民賊被其降服始目爲配天之大聖開明之巨功懸像立石萬人瞻拜以誌其德於不忘是以十九世紀之國事犯寔國民之救主歷史之明星也其保護之尊崇之也豈

偶然哉

以上所述爲國際法上不引渡之原則載在法典永遠遵守無敢違背者案一八四九年間波蘭之國事犯逃亡於土耳其俄國遂迫土廷引渡之時駐在俄國之英國大使通牒於俄政府曰『國事犯之採不引渡主義者寔本吾人固有之良心誠寔之意志而行者也苟强迫其引渡即墜獨立國之聲譽爲一般社會所指彈』俄政府因英使之言遂寢其事故現今之國際團體關國事犯之引渡與否爲公法所縛束不得任兩國之志意而行雖訂特別之親交約特別之報酬亦無以易之也

雖然對國事犯之觀念立憲國與專制國適相反對蓋國事犯者攻殺民賊專制之鴆毒也故世界之專制君主視之如寇讎必坐以不忠不敬諸惡名欲滅此朝食而後可者中國數千年之專制君主亦以誹謗者族偶語棄市之嚴刑爲杜絕國事犯之寶訓降至近世遏禁之手段更見嚴密蓋清廷以少數之兵力入主中夏多數之人民時恐民氣囂張不能戢然受治以固其萬世帝王之業故防閑不少懈苟朝令所施有敢致議者則處以大逆不道之罪加以夷宗滅族之刑即或有故老遺黎竄

伏於畎畝巖穴之間不忘故國而思舊君者亦網羅牢籠之務使屏息潛伏莫敢抗我嗚呼先施凶暴殘忍之手段繼鼓深仁厚澤之學說能使若大之民族馴謹屈伏至此其靖弭內亂之法得不謂之周密哉雖然國民永靜之性質終非如鐵案之不可移近數年來迫於國恥憤於朝局心醉於歐美學說者始知依賴彼等以再造我國無甯自爲計於是奔走呼號倡保種愛國之大義以求民族之自覺因之而死於清廷之非刑者已不知凡幾然因外人之干涉而得免於難者亦數見不鮮清廷不知外人干涉之本於天良欲施幣重言甘之手段委婉乞靈於外人然屢次交涉終不能達其逮捕之目的徒爲外交界增一笑柄吁、何愚昧之若是也今錄其一八九六年逮捕事件之寔例如左

一八九六年十月十日至二十四日之倫敦各新聞紙揭載曰

支那廣東某醫士。倫敦在留支那駐在公使指爲有顚覆清朝之陰謀者於十一日監禁倫敦支那公使館。邦人以其侵害國權衆心激昂。……支那公使施奸詐手段。將此被捕者監禁于公使館中。警衛甚嚴。但被捕者得隙將其事報知友人。

……本邦偵探晝夜徘徊於支那公使館之周圍。豫防被捕者之密輸於支那及意外事。……總理大臣沙士勃利侯爵。一方通牒於本邦外務省。一方送公文於支那公使。其公文之文字含極强硬之意味。支那公使接此公文後。頻與北京政府通電。於廿三日午後。將此被捕者交與外務省。由外務省交警署。警署命其作始末書而釋放之。

倫敦新聞記者探問筵錄

被捕者爲醫士。一八八七年在香港大學校卒業。後在各地開業。本月抱研究醫學之目的。藉其師康脫利之紹介。以來倫敦。月之十日。道經本國使館之近傍。遇一同國人謂彼曰。汝爲支那人乎。抑日本人乎。彼答以支那人。又問生地爲何省。彼答以廣東。同國人 又從容謂彼曰。吾姓唐。與汝爲同鄉。且語且行。不數步。又遇一同國人。與唐某相識者。唐某指被捕者相告曰。彼亦余輩之同國人也。與唐某相識者。遂上前握手。頗呈親愛之狀。未幾。又遇一同國人。亦與唐某相識。時唐某謂被捕者曰。汝向帕蘭特撲利司（即支那公使館所在也）行乎。余將他適。握手而別。時與唐某相識之二人。尙與被捕者偕行道經使館。二人乞被捕者入館內被捕者固辭之。二人突然挾之衝入門內。投入一室。閉鎖之。翌日唐某來被捕者室言曰昨日捕汝出于職務上之不得已。今日以私人之資格來與汝談。又曰汝之行爲。善自白之。事皆決定。諱無益也。被捕者答曰事已決定。吾亦無言。請將處置之方法爲余言之。唐曰聞將搏汝身。塞汝口。乘夜密送於瀛船。因格林蘭瀛船會社。與本館常雇之英人馬卡脫尼有親交也。被捕者又曰彼等所爲。甚危險。未到達中國之前。得保英人之不知乎。唐曰決不能知。已奉政府命特派四人護汝行。中途有阻。速致汝死可也。被捕者至是。見援救無望。惟待死而已。幸館中使丁多英人。被捕者操英語乞其送信與其師康脫利。十七日夜。其師得確報後。發表于新聞紙上。遂喧傳於外。至二十四日由外交上談判之結果。得免於難。

觀以上所記之顚末。由英國之干涉而始得免也。固不待言。雖然英國之爭點。非在我之國事犯而在彼之國權。夫公使館者執行公使特權之地也。非所在國之權力所能及。苟所在國侵害其特權。不啻蠛辱其國權。公使者享有此特權者也。然其特權之行使不得出使館之圈限外苟公使濫用其特權亦不啻蠛辱其國權此爲國際法原則而爲文明諸國所共守者也今乃於館外捕人已越其特權之範圍而侵犯所在國之警察權英人執强硬之手段也固其宜獨不解承淸廷指揮之公使竟敢不顧警察之嚴密偵探之機敏國際權限之尊重而施此愚陋可憐之舉動卒之事機暴露受外人之恫嚇而手足罔措全局失敗於己一無所得徒爲外人笑罵招外人侮辱是誠何心哉

雖然淸廷專以撲殺民黨爲唯一之手段恐他國之干涉保護出此挺而走險之計亦何足怪而獨怪吾民族竟爲其所蒙蔽不責其褻代表一國之資格反從而和之曰外人不守公法袒庇匪徒嗚呼此何心耶此何言耳無怪其沈霾于萬重泥犂之下而不能自拔也悲夫

哲理

哲學綱領

師孔

第一章　哲學緒論

第一義解　第二範圍　第三目的　第四疑問　第五學派
第六分類

第一　欲論述哲學之綱領當先下哲學之義解定哲學之範圍夫自昔哲學家之下定義至不一矣或以爲究因果之關係之學或以爲明事物之理性之學或以爲統合諸學之學要皆從其所見各明一義而不可稱爲完全之定義蓋哲學以思想理道爲本苟思想之所及理道之所在無不有關於哲學其意義之宏深豈片言隻語所能完盡其義藴乎若强爲解之則哲學寔可稱爲研明思想理道之學

學術

第二　已知哲學意義之濶則其範圍之大不言可知自廣義言之諸學無一非哲學也然以狹義言之哲學要不過諸學中之一部分而已此一部分中又分本屬之二部純正哲學爲其本而論理心理倫理等爲其附常人之稱哲學因總括諸學而言本論所及僅在純正哲學以下單稱哲學皆指此而言不可不知

第三　論理心理倫理諸學之目的人皆知之若夫純正哲學之目的則知之者鮮矣前特舉其大要其爲學也在明事物之眞理講思想之規則探萬學之大源得論理心理倫理諸學之原則而窮研之明證之此寔純正哲學目的所在之處也

第四　欲明事物之眞理探萬學之大源不可不先論定世界之有涯無涯靈魂之爲生爲滅天神之爲有爲無時間空間之屬心界屬物界夫世界屬物界欲知其有涯無涯不可不先知物而萬物皆由心造則心之爲何物又當先知矣若夫神之有無皆由人心臆造苟已明心物之爲何若則不必更論神體之爲何物矣總以上而言之哲學上之大問題首在知心物之本體定心物二者之關係

第五　論心物二者之關係而以心之外無物立論者名爲唯心派論者物之外無

心立論者。名爲唯物派論者。心物兩立並存立論者。名爲二元派論者。對於此而唯心唯物二學派。又名爲一元論者。此外尚有一派。以物心神三體並存立論。名爲三元論者。欲知諸學派之意趣。則哲學全界之分類尚矣。

第六　哲學之分類有從地位上而分者。有從性質上而分者。今先從地位上而分之得圖如左。

- 哲學
  - 東洋哲學
    - 支那哲學
    - 印度哲學
  - 西洋哲學
    - 古代哲學
    - 近世哲學
      - 大陸哲學
      - 英國哲學

次自性質上而分之。其法約有種種。或分爲寔體學家心理學家論理家學或分爲唯物論者唯心論者或分爲一元論者二元論者或分爲本然論者寔體論者又有分爲歸納哲學家演繹哲學家其法不歸一列。今次第之如左。

學術

- 學派
  - 一元論
    - 唯物論
    - 唯心論
  - 多元論
    - 二元論
      - 物心兩立論
      - 物心一體論
    - 三元論

第二章 東洋哲學

第七原委 第八種類 第九性質 第十推論

第七 東洋哲學者何對西洋哲學而被印度支那兩國諸學以此名也印度有婆羅之法釋迦之教支那有孔孟之學老莊之道皆足爲哲學之一部此外泰東諸國皆爲此二國而陶鑄其學無足觀者論印度支那足矣夫東洋之學自今日觀之固不能與西洋爭進步然攷之古代雖盛如希臘無從比烈印支文化寔先希臘史冊具在昭然可攷者也希臘文學起於西歷紀元前五百年較之印度支那儻乎後矣而印度爲最古不必論希臘文明多由印度傳入即在支那漢以後之學被佛教之影響豈少也哉印度古昔之隆盛固何如也若夫哲學思想孟晉發達名言卓論競

一時較其年代東西殆同是可異也當紀元前三四百年之時在希臘則有蘇格拉底柏拉圖亞然士多德聖聖相傳在支那則有孔孟老莊楊墨荀韓論者皆謂其有聖人之才在印度則有馬鳴龍樹無著世親諸傑發大乘之光輝東西一轍歐亞一揆冥同神契文化大張嗟乎紀元前三四百年時寔世界哲學史上之黃金時代也自此以後漸形衰退以至今日雖其間不無一二盛衰變革欲以復古代之隆盛難矣獨至歐洲近古三百年來哲學思想漸漸興起遠尋希臘之古學而修明之張大之以構成近世哲學之組織廻觀亞陸黯然無色迄今無倍根笛卞爾其人者出繼賢之墜緒發東學之光輝豈不重可慨哉

第八　比攷東西兩洋之哲學舉其種類之相似者知今日西洋學者所唱之倫理心理論理諸哲學及純正哲學皆東洋學者所已論及者也今舉其一二如倫理學政治學有孔孟之說論理學者因明之法純正哲學有老莊佛氏之學俱舍似寔體哲學唯識似心理哲學天台似理想哲學其他申韓之法楊墨之道皆有與西洋諸家之說符合者東洋有性善性惡說而西洋亦有之西洋有自愛愛他說而東洋亦

有之他如婆羅之神造說佛敎之眞如說西洋學者大半論及比攷兩學之要點其大致固相似也合全體而觀之則東洋諸學不及西洋諸學之詳密而全完亦不可侮

第九　東洋哲學中不無一二家其高妙幽微出於西洋之右然皆偏於一端而不能搆成完全之組織孔孟敎篤其弊也偏於寔老莊華妙其弊也流於虛佛學高妙至矣極矣自今日哲學上觀之偏於理想之一邊而不適於物理之寔際者比比皆是要之東洋哲學非偏於理論即僻於寔際無能即此二端結合而調和之者兼之科學不昌無從即其學理構成論據而證明其關係以故僻於寔際者至淺近而不合理論偏於理論者至高妙而不適寔用此則東洋哲學之缺點不及西洋哲學遠甚者也

第十　東西哲學似此互異其性質必有事焉爲其原因夫學術之盛衰文化之進退有種種內因外情之相關而地位氣候人種風俗氣質飮食住居言語交際政治宗敎敎育習慣遺傳等皆有以助其原因若欲詳爲研究甚非易易且支那與印度

又異其風土支那有支那之原因印度有印度之原因即果窮因顧俟異日若夫中世以後異人不一見新說不一同殆以古代諸學盛極時其勢足以壓倒來哲不能起新說而與之抗學術進步極則停規意此理固然乎其他則獨夫民賊作種種愚民之術與有力也馴至千百年後之今日人智益沈而思想愈腐衰頹衰頹仰望學林崦嵫日泊舍衞之城如昨闕里之堂依然而學子蠢蠢不肖祖父孔佛有知其愴攘當何若也

（下續）

學術

髓腦肝腸爲
國牲
不須萬派動
哀鳴
崔巍銅像祇
塵相
芥子金身偖
大橫

歷史

憲政發達史

辟支

第一章 懸論

二十世紀新產兒隨開幕好太陽呱呱墜地從此歐美國土凡一滴水一握草皆含有平和甘味無量恐怖無量衝突無量憂患煩惱畫皮一變改爲無量歡喜是何因是何因是十九世紀憲政風雲之結果

歐美新政治家嘗語我曰憲法者串共和政治之線索也憲法者築共和政府之基礎也凡憲法成立之時代于國際界及一國內政有種種利益然憲法成立時代必從戰爭時代脫胎能使憲法早成立一日則平和政局早勘定一日大辟者大效小辟者小效噫、立憲政治者是政治上最平和最中立水不敢濡彼火不敢焚彼膽最

弱者不至駭彼性最劇烈者不忍破壞彼之一種類而世界舞台上最關係最熱鬧之一部分也

不佞奔走海外眷懷故國思以民族的立憲政治爲杯水車薪之救反哺之義務獻曝之愚忱乃敢大言走告雖然非重詞以伸吾義終不得剖吾心之鬱抑請以政治與歷史之關係以顯其封白曰

嗚呼政治者演劇也歷史者演劇之脚本也演劇愈新脚本愈奇如飛瀑水之質同也而滔滔者易其水如流雲雲之形同也而翳翳者異其雲來日方長覆水難收而盲從家則見此歌舞世界置我身經我眼簾轟我耳膜擊刺我腦筋僅覺鑼鼓喧嘩五色迷離一步一趨爲傀儡的天職當如是不知推陳致新一世紀之演劇之脚本皆含有一種競爭之大關鍵興亡之大問題有心人對此其亦眷眷而悲泣泣而涕矣

玄黃肇剖既過渡野蠻時代而爲武器時代復過渡武器時代而爲政治時代憑空樓閣奇光異彩其力量則特殊其勢燄則赫奕幻燈世界愈出愈奇經一時代而面

目一變經百時代而面目百變古希臘詩人多寓言曰有生物以來最奇異者莫人類若吾則曰有世界以來最奇異者莫十九世紀而極

十九世紀者產二十世紀之母二十世紀者是十九世紀風雲鼓鑄之結晶體也請以政治家與歷史家融合之眼光爲十九世紀下一斷語莫不曰此憲政精神最膨脹之時代世界一切國無不被憲政風雲所鼓盪奇花初胎好雨相拂越無數慘淡經營遂造成二十世紀最大多數之最大幸福咄嗟神州日落愧煞因循我志未酬啼痕遍野願憲政風雲是西徂東而來掃予疾苦錞我平和兮勝于日日言爆裂日日言競爭之爲愈也

第二章　拿破崙憲政潰裂與四元同盟之幻影

一千八百十四年四月初五日之夕寒雲沈鬱孤月欲墜忽忽震天撼地鏗然一聲噫、是何怪物爆裂是何怪物爆裂是蓋世英雄拿破崙親訂之憲法勃然潰裂與其立馬千仞雄風一世之功名同歸泡影咄咄沙漠獅子不得不對積奇怨異毒之列國易親草憲章之筆而草退位書曰

同盟諸國皆嗌予爲恢復歐洲平和唯一之公敵夫平和者果國民應享之權利與幸福予眞負是罪歟不惜犧牲一身以謝衆怒

草退位書未竟忽拿破崙第一退位之報喧傳于巴黎將士星散冷宮聊寂壽陽老婦夜夢少年四月十一日謀自殺不果不如意事咄咄逼人來二十日歐洲列强放拿破崙於孤島之議已決於是路易十八世再登法蘭西王位五月十三日旣訂和議於巴黎列國復遣使臣于奧大利京維也納作塗山之會借立憲之好名詞而爲聯絡專制黨之大運動當時之報告曰　革新政治　改良社會　平均國勢　維持歐洲之憲法以定列國之疆域噫誰實爲之欺哉維也納大會不過列國遣無數傀儡來賀俄帝亞歷山奧相梅特涅之執專制牛耳爾此時代爲立憲政治界最黑暗之時代而列國戰事之火燄燎原不可救

時則各盲眼專制政治家竟組成四元同盟爲可以永久保全身家祿位（四元同盟爲英吉利奧大利俄羅斯普魯士）從此使意外之爆裂丸不再見于歐羅巴而法蘭西則以國際政略要入同盟遂改爲五元同盟至一千八百十五年正月三日

英吉利法蘭西奧太利復以秘密之手段組織三國歃血同盟口血未乾而戰禍驟起起于何起于普若俄一則取波蘭一則轟動于若克聖王國與來因河口岸而伊大利問題亦起時維法蘭西狡窟自詡壁上觀戰不料大風忽來雷雨交作路易十八世蜎縮鹿戰歐羅巴各政治家亦羣稱不可思議然則其事爲何是一千八百十五年三月七日晨星欲墜孤燈未息一封警電忽傳于墺相梅特涅之寢室傳一駭龍走蛇之拿破崙第一已遁出孤島而踐法蘭西國境之消息

是時列國歡欣歌舞之夢驀然驚醒燕雲十萬磨劍聲凄虎視耽耽挾路相待而拿破崙第一亦當仁不讓小于菟若鼠子弄列國如泥僚丸二十日竟驅路易十八世于比利時重藏法國王冠六月十六日攻比利時取婁尼伊大潰普軍于是列國以國可亡民可凋怨毒不可不洩之志願再組織維也納會議卒顚覆拿破崙第一于滑鐵盧而終銷寒骨于聖黑連拿于是法蘭西憲政眞墜地而歐羅巴神聖同盟之大活劇乃鬼鬼祟祟以出現于世界

然而自拿破崙第一再退法蘭西王位千鈞一髮危機愈迫行政委員長傅秀靄徒

以畏首畏尾粉飾表面求偸瞬息之安列國要賠欵也贈之列國割膏土也予之嗟夫傅秀靄傀儡也拿破崙第二爲傀儡中之傀儡當時法國計臣之報告凡五年間以消耗閑金七億三年間供奉列國駐法十五萬兵士之費用至重訂巴黎條約時又失那威境域五十萬國民之權利加之英俄貪心普奥德列邦之競爭無不視法蘭西爲肥豬隨意宰割咄國際既外厄而黨派忽內訌其黨維何有拿破崙黨與路易王黨之競爭時則蜂起遍地奮鬥日以數十次聞而法蘭西制兵爲兩黨死者數十人馬耳寒沙倫亞維尼梭露斯與南部法蘭西流血成渠積屍盈野前者殲後者繼當時主法政者左手戰亂黨右手戰敵國咄嗟吾乃知破壞憲法爲國家第一不祥事無憲法之國不可以立于世界

第三章　神聖同盟之助長憲法

神聖同盟之眞相一專制正統主義與主憲民主主義之競爭也君主爭專擅國民爭共和亦天職上應當之競爭而世界歷史上不可缺乏之一大特色也聞歐州有神聖同盟而君民反對之實心昔行之于隱隱者今乃大潰裂

一千八百十五年六月九日維也納公會既終同年九月二十六日法巴黎隣境愛爾丘行觀兵式俄帝亞歷山與帝佛蘭塞普王維廉復會于是卒創神聖同盟之論三主乃草同盟文儼然以壇主自命而再號召列國使之事奔走焉

神聖同盟之宗旨又屬正大光明之畫皮也其文曰將與各國君主竭表親愛內政外交力主平和以公平仁愛之標準而爲國利民福

以俄帝亞歷山主簪盟文亞歷山爲世界聞名炙手可熱之君主然于宗教迷性頗永即以其理想攙入政治界而普王則與亞歷山以秦晉交（維廉以長女妻俄王弟尼哥剌）故極贊成神聖同盟之約惟奧帝則好用剛愎喜行苛政兼復嫉新如蝎趨舊如蠅彼于一千八百二十一年曾諭刺伊勃華大學教授曰

世風日腐後生小子妄以新思想簧鼓國民卿等宜率由舊章遵守朕良法朕不欲見博學大儒願卿等皆爲朕良臣卿等謹守朕命切切毋違有敢以新思想惑朕赤子者殺毋赦

啐啐奧帝民賊予生晚矣否則誓必爲寃苦國民斬其首以洩氣

以奧帝之昏夢而佐以甘為萬世唾罵之梅特湼甘心奴隸以為桀犬狂噬平民嗚呼其秉國也宜其如斯而已矣當時神聖同盟之宗旨獨奧帝反對頗劇然不得不飾以淳朴懇勤之狐鼠假面過贊是謀且梅特湼于外交上具絕大貪心得步進步極力慫慂帝與同盟之約咄、聞之乎「同盟不同意」故奧君臣之自訟語乎故當時神聖同盟惟俄帝出于希望普王出于附和奧帝出于牽強以是因遂結潰裂之果

神聖同盟之誓既成梅特湼竟敢大言不讓楊表于稠人廣衆中曰、四海同胞博愛仁恕不過一虛飾之名詞而無關于實際矧是拿破崙第一既倒法蘭西恐怖風潮瀰漫全歐列國雖强結同盟條約以補苴變徵然舌敝耳聾成功烏有今宜以神聖同盟之機關利用于各國一切政教視我為正鵠悲夫梅特湼之用心竟以神聖同盟為遮蔽自由主義之風[illegible]摧折憲政芽萌之妙腕不料反動之勢力從此一大振同盟組織既成歐洲大部分皆贊成獨英吉利與羅馬法王土耳其不具名梅特湼顧盼自喜凡來蒞會者皆隨落其術中彼是時以一人之勢力竟玩弄歐人一億五

千萬于掌上噫、其手段亦巧矣然而與俄帝亞歷山之衝突亦從此始推波助瀾歐洲立憲政治之萌芽亦從此嶄然露頭角矣

維也納旣會從此歐洲天地表面上猶作平和甘夢而于裏面觀之則列國政權皆拱手授于亞歷山及梅特涅二人之手徒爲功狗奔波而已然則二人之性格于政治上之理想與實際上之着眼恰如各戴一着色眼鏡而無時無地不具一種劇烈衝突性噫、亦異事也

俄帝亞歷山素以陰鷙强悍聞惟善受感化力是久洎于戰爭風潮遂一變昔日之故智而于宗教的感情的人道的諸義務頗盡厥瘁是神聖同盟後而專制之思想一變爲立憲之思想故昔日于英法瑞士之組織立憲不贊一詞而今乃復行立憲政體于波蘭其目的之更移亦可概見也惟梅特涅則公言曰憲法者不外革命之武器故以至死不變之志願行其專制手段阻塞民氣枕中鴻秘玩弄列强不二心傳一千八百十七年時梅特涅曾宣言曰平和者我一人享之而世界均爲我作造平和之瓦礫可也

以兩政治家之方針如貓與犬之相遇一叱一咤皆爲應分之衝突時乃于西班牙占領葡萄牙時其兩雄相爭之手段一小試夫西班牙之占領葡萄牙也在一千八百十七年神聖同盟諸國皆循例以聯軍要西班牙時適美利堅殖民地獨立戰爭甚劇俄帝乃通牒于列國以協議西班牙處分案

然時則以路易王黨求亞歷山左右力以恢復法蘭西獨裁政治不允故乃銜恨至寢皮食肉亞歷山知覆水不可收反專心扶助立憲黨致密電于駐法俄公使居然以客卿之力解散王黨議會故一千八百十七年及十八年之間法蘭西有改良內閣之美舉公共憲法迨將成立然意大利經此鼓吹而杭墺大利壓制之風雲亦起自由立憲主義驟然出現秘密結社之風大作直渡入日耳曼森林中聯邦代議政治亦露頭角瑞士乃繼起藉宗教之面目以唱自由平等之福音當時之梅特涅如逼入火坑中寸腸皆裂寢食不安無已乃上書以說墺帝曰

俄帝亞歷山託宗教之運動實爲歐洲種革命毒之巨魁也俄帝之用心曾欲藉革命之亂以得漁翁之利不血之刃異種多感之而反不察其害要之俄帝不敗

立憲派革命派之孽魔不滅皇家世族終不血食願我帝察之

咄嗟梅特涅可爲明于觀人而昧于觀己者矣夫發揮立憲革命果不利于寡人政體然亦知水愈激則愈逆行火愈煽則愈熾烈之弊乎然此炙手可熱之老奸雄燒琴煮鶴猶以爲未足復上書于亞歷山曰

自帝撤堤令革命之狂瀾直由德意志意大利波動于歐洲全國列王之位危如累卵矧法蘭西占領條約收回之期已近不早防禦則此後歐洲人種將盡爲革命之洪水溺斃以爲解燃眉之急不如收拾自由旂幟復我神聖不可侵犯之政權庶爲萬全之計耳

丁斯時也英吉利普魯士等皆爲梅特涅所熒惑加之路易十八世之儲貳阿德亞旣令寵臣維多奧賓密書于俄帝亞歷山說法國革命內容之可危謝絕其干涉政略惟列國是一千八百十五年以來旣同認法國爲產革命血地故于法蘭西政治問題特爲注意時駐法各公使間一星期必集會議一次臨其上側其旁彷彿有無數之偵探無數之警察雖一草一木無不受壓制于異族兼有風行雷厲不可觸犯

之猛將惠靈吞總督聯軍苟法國內部容有風吹草動則列國一呼百起當時之法蘭西幾乎爲一暫存之名詞

一千八百十八年十一月法蘭西繳列國賠款已齊聯軍不得已盡退再與英俄普奥西元同盟加入法蘭西當時議會不免守滅絕憲政反抗人權之宗旨奈何前門逐虎後門進狼是月法蘭西行內閣選舉不免仍爲立憲黨得勝噫吾乃知少數之民賊不克爲多數國民敵矣

（未完）

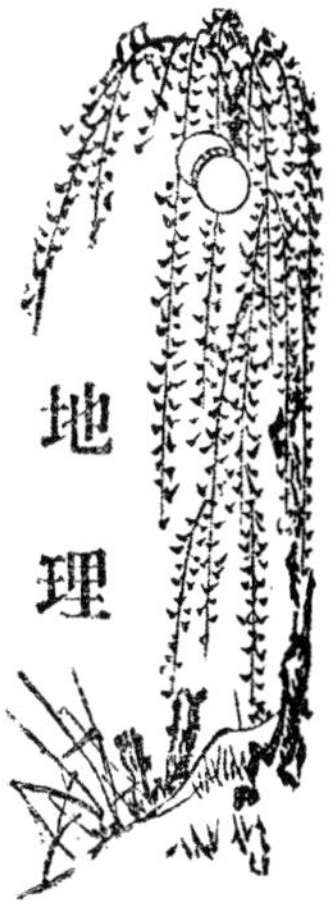

中國地質略論

索子

第一 緒言

覘國非難入其境蒐其市無一幅自製之精密地形圖非文明國無一幅自製之精密地質圖(幷地文土性等圖)非文明國不寧惟是必殆將化爲殭石供後人摩娑嘆息謚曰絕種 Extruct species 之祥也

吾廣漠美麗最可愛之中國兮!而實世界之天府文明之鼻祖也凡諸科學發達已昔況測地造圖之末技哉而胡爲圖繪地形者分圖雖多集之則界綫不合河流俯視山嶽則恆作旁形乖謬昏蒙茫不思起更何論夫地質更何論夫地質之圖嗚呼此一細事而令吾懼令吾悲吾蓋見五印詳圖曾招颭於倫敦之肆矣況吾中國

亦爲孤兒人得而撻楚魚肉之而此孤兒復昏昧乏識不知其家之田宅貨匿凡得幾許盜據其室持以贈盜爲主人者漠不加察得殘羹冷炙輙大感嘆曰若衣食我若衣食我而獨於兄弟行則爭錙銖較毫末刀杖奪讎以自相殺嗚呼現象如是雖弱水四環鎖戶孤立猶將汰於天行以日退化爲猿鳥蜃藻以至非生物況當强種鱗鱗蔓我四周伸手如箕垂涎成雨造圖列說奔走相議非左操刄右握祘吾不知將何以生活也而何圖風水宅相之說猶深刻人心力杜富源自就阿鼻不知宅相大佳公等亦死風水不破公等亦亡諡曰至愚孰云不洽復有冀獲微賚引盜入室鉅資既虜還焚其家是誠我漢族之大敵也凡是因迷信以弱國利身家而害羣者雖曰歷代民賊所經營養成者矣而亦惟地質學不發達故

地質學者地球之進化史也凡岩石之成因地殼之構造皆所深究取以貢中國則可知欒然塵球無非經歷刼變化以來造成此相雖涵無量寶匿足以繕吾生初無大神秘不可思議之物存乎其間以支配吾人之運命斬絕妄念文明迺興然欲歷舉其說則又非一小冊子所能盡也故先掇學者所發表關於中國地質之說箸爲

短篇報告吾族雖空譚幾溢於本論然讀此則吾中國大陸裏面之情狀似亦畧得其概矣。

第二　外人之地質調查者

中國者中國人之中國可容外族之研究不容外族之探撿可容外族之讚歎不容外族之覬覦者也然彼不憚重繭入吾內地狠顧而鷹睨將胡爲者詩曰子有鐘鼓弗鼓弗考宛其死矣他人是保則未來之聖主人以將惠臨先稽帳目夫何怪焉左舉諸子皆最著名其他幻形旅人變相偵探更不知其幾許雖曰跋陟山川探索秘密世界學人皆爾爾矣然吾知之恆爲毛戴血湧吾不知何祥也

千八百七十一年德人利忒何芬 Richthofen 者受上海商業會議所之囑託由香港入廣東湖南（衡州岳州）湖北（襄陽）遂達四川（重慶、敘州、雅州、成都、昭化）入陝西（鳳翔、西安、潼關）山西（平陽、太原）而之直隸（正定、保定、北京）復下湖北（漢口、襄陽）往來山西間（澤州、南陽、平陽、太原）經河南之懷慶以至上海入杭州登寧波之舟山島遍勘全浙復溯江至蕪湖撿江西北部折而之江蘇（鎮江、揚州、淮安、遂入山東（沂州、泰安、濟南、萊州、芝罘）碧眼炯炯。擊節大詫。若所悟。然其志未熄也。三陟山西（太原、大同）再至直隸（宣化、北京、三河、豐潤）徘徊于開平炭山入盛京（奉天、錦州）始由鳳皇城而出營口歷時三年其旅行綫强於二萬里作報告書三冊。于是世界第一石炭國之名乃大噪於世界。其意曰支那大陸均蓄石炭而山西尤盛。然礦業盛衰首關輸運。惟扼膠州則足制山西之礦業。故分割支那以先得膠州爲第一着。嗚呼。今竟何如。毋曰一文弱之地質家而眼光足跡間實涵有無量剛勁善戰之軍隊。蓋自利氏遊歷以來。膠州早非我有矣。今也森林民族復往來山西間。是皆利忒何芬之化身。而中國大陸淪陷之天使也。吾同胞其奈何。

千八百八十年。匈牙利伯爵式奚尼初喪愛妻。欲借旅行以漓其恨。乃偕地理學者三人。由上海溯江以達湖北（漢口、襄陽）經陝（西安）甘（靜寧、安定、蘭州、凉州、甘州）而出國境。復入甘肅（安定、鞏昌）撿四川（成都、雅州）雲南（大理）由緬甸以去。歷時三年。揮金十萬。箸紀行三册。行於世。蓋於利忒何芬氏探撿未詳之地。尤加意焉。

越四年俄人阿布佉夫探撿北部之滿洲直隸（北京保定正定）山西（太原）甘肅（寧夏蘭州涼州甘州）蒙古等其後三年復有法國里昂商業會議所之探撿隊十人探撿南部之廣西河南（河內）雲南四川（雅州松潘）等調查精密於廣西四川尤詳是諸地者非連接于俄法之殖民地者歟其能勿懼

先年日本理學博士神保巨智部鈴木之遼東理學士西和田之熱河學士平林井上齋藤之南部諸地均以調查地質爲目的遞和田小川細井巖浦山田五專門家複勘諸處一訂前探撿者報告之謬則去歲事也

第三　地質之分布

昔德儒康德 Kant 唱星雲說法儒拉布拉 Lapiace 和之以地球爲宇宙間大氣體中析出之一份迴旋空間不知歷幾億萬刼凝爲流質爾後日就冷縮外皮遂堅是曰地殼至其中心議者綦衆有內部融體說有內部非融体說有內外固體中挾融體說各據學理以文其議然地球中心奧不可測欲辨孰長蓋甚難矣惟以理想名地面之始曰基礎統系 Fundamental formation 其上地層則據當時氣候狀態

及蘊藏殭石 Fassil 之種類分四大代 Era 細析之曰紀 Period 析紀曰世 Epoch 然此諸地層則又非堀吾人立足地即能燦然畢備也大都錯綜殘缺散布諸方如吾中國常於此見新而於彼則獲古蓋以荒古氣候水陸之不齊而地層遂難一致猶譚人類史者昌言專制立憲共和爲政體進化之公例然專制方嚴一血刃而驟列于共和者寧不能得之歷史間哉地層變例亦如是耳今言中國則以地質年代 Geologicae Choronlogy 爲次。

(一) 始原代或太古代 Archean Era

地球初成汽凝爲水是即當時之遺跡居基礎統系之上而始爲地質學家所目擊者也故吾儕目所能見之地層以是爲極古其岩石以片痲、雲母、綠泥爲至多然大都經火力而變質撿睬石層畧無生物惟據石類析之爲

(12) 老連志亞紀 Laurentian Period

11) 比宇魯亞紀 Huronian ”

二紀後雖有發見阿屯(意即初生生物)之說而經德人眉彪研究以來已知其謬。

蓋爾時實惟荒天赤地絕無微生命存其間也。所解難者岩石中時含石灰石墨之屬。夫石灰爲動物之遺蛻。石墨爲植物之槁株。設無生物存何得有是。而或有謂是等全非由生物之力而來者。迄于今尙存疑焉。索之吾中國則兩紀均于黃海沿岸遇之。雖未能知其蘊藏何如。然太古代地層中則恆產金銀銅鉑雹石紅寶石之屬。意吾國黃海沿岸地方亦當如來耳。

（二） 古生代 Palaeozoic Era

以始有生物。故以生命名者也。分六紀。

(10)寒武利亞紀 Eambrian Period

(9)志留利亞紀 Silurian ”

(8)泥　盆　紀 Devonian ”

(7)石　炭　紀 Earboniferous ”

(6)二　疊　紀 Fermian ”

岩石繁多。以水成者。若砂、硅、粘板、石炭、等。以火成者。若花剛、閃絲、輝絲、等。石類既自少而至多。生物亦由簡以進複。然當(10)紀時。尚尟見也。遞及(9)紀。則藻類、三葉蟲、珊瑚蟲之族日盛。然惟水產物而止耳。入(8)紀而魚而葦而鱗木而印木漸由水產以超陸產。然亦惟隱花植物而已。高貴生物未獲見也。降及(6)紀而兩棲動物及爬蟲出。蓋已隨時日之變遷。以日趨于高等矣。是即造化自著之進化論。而達爾文剽竊之以成十九世紀之偉著者也。

蘊藏鑛物以是代爲最富。(10)紀之見于中國者。自遼東半島直亘朝鮮北部。雖土質确犖。不宜稼穡。而所產金銀銅錫之屬。實遠勝於他紀諸岩石。土人僅耕石田於生計可綽有餘裕焉。其(9)紀岩石。則分布於陝西至四川之山間。以產金著。其(8)紀岩石則在雲南北境及四川之東北。變質岩中常含玉類。而岩石脈絡間。亦少產銀鐵銅鉛。蒐全世界以此紀岩石爲至多。而石類亦均適于用。其上則(7)紀矣。產煤鐵綦多。故以石灰名其紀。而吾中國本部實蔓延分布。無地無之。合計石炭之量。遠駕歐土。(詳見第五)是實榜陀羅 Pandora 之萬禍篋底之希望。得之則日近於光明璀燦之前途。失之則惟愁苦終窮以死者也。吾國人其善所擇哉。

(三) 中生代 Masozoic Era

組成是代之岩石爲粘板、角、硅、及粘土、等。或遇如含有岩鹽石炭石膏之地層。分三紀。即

(5)三疊紀 Triassic Period

(4)侏羅紀 Jurassic "

(3)白堊紀 Cretaceous "

是也。前紀生物已日歸於消滅。故(5)紀時。鱗印諸木。衰落既久。而松柏、蘇鐵、羊齒、諸科。乃代之握植界之主權。至(3)紀則無花果、白楊、柳、櫧等諸被子植物出。與現世界幾無大異矣。動物則前代已生之爬蟲日益發達。有袋類亦生。爲乳哺類之先導。至(4)紀而詭形之龍類。(舊譯作鼉)跋扈於陸地。有齒之大鳥。飛翔于太空。蓋自有生物以來。未有若斯之瑰奇繁盛者也。且菊石、箭石、之屬。亦大繁殖。其遺蛻遂造成(3)紀之地層。即學校日用之堊筆。亦此微蟲之餘惠耳。至(3)紀時。生物界乃大變革。舊生動植。或衰或滅。而眞濶葉樹及硬骨魚輿。

學術

(5)紀之在中國者。爲西藏有用卝物則有岩鹽石膏銅鐵鉛等。(4)紀則自西伯利亞。東方以至中國之本部雖時有卝物而極鮮石炭。(3)紀則並有用卝物亦尟見矣。中國之極西方是也。

(四) 新生代 Cainozoic Era

新生代者。地質時代中最終之地層。而其末葉。即吾人生息之歷史也。別爲二紀。曰

(2)第三紀 Tertiaty Period

(1)第四紀 Quaternary "

其岩石爲粗面、流紋、玄武、及粘土、砂礫、柔石灰、等。其生物雖與今幾無大異。然細察之。則不同之点綦多。如象、貘、張角獸、恐鳥、是也。如是盛衰遞嬗。益衍益進。至洪積世 Dilluona 而人類生。

(2)紀分布于中國。全部。其卝物有金屬。且產石炭。然以新成。故遠遜于石炭紀者。(1)紀則全世界無不見之。如中國揚子江北部之累斯。Loess（黃色無層之灰質岩石）即爲是時積聚之砂土。黃河附近之黃土。亦是時發育之壚埆之一種也。

第四　地質上之發育

地球未成以先吾中國亦氣體中之一份耳。無可言者。故以地球成後始。

(一)太古代之中國　太古代之地球。洪水澎湃烈火鬱盤地毬出水奚言生物瞑想其狀當惟見洪流激浪而已。然火力所激而地殼變形崑崙山脈忽然隆出蒙古之一部分及今之山東亦離水成陸崛起海中其他則惟巨浸無際。怒浪拂天已耳。

(二)古生代之中國　地殼地心鏖戰既久其後地心花剛岩之溶液挾火力以泉湧流溢海陸地殼隨之隆出水面乃搆成東方亞細亞之大陸秦嶺以北斷層分走於諸方即爲臺地大葦鱗木印木等巨大植物。於焉繁殖以北則地層恆作波折形似曾爲山脉者厥後經風雨之剝蝕海浪之冲激秦嶺以北漸成海底無量植物受水石之迫壓及地心熱力相牽殭死然地心火力則猶衝突而未有已也。故復隆出水中成階級狀之臺地所謂支那炭田者實形成於此時焉然其南部尚潛海底迨因受西北方之横壓力而秦嶺以南之地層遂成波狀之崛起即所謂支那山系（南嶺）者是也

(三)中生代之中國　火山之活動至是稍衰惟南方之一部漸至淪陷成新地中海是實今日四川省之窪地(四川之赤盆砂地)而南支那之炭田也迨喜馬拉牙山嶄然顯頭角而南部中國始全爲陸地厥後南京與漢江之北生分走北東之兩斷層陷落而成中原即爲歷代梟雄逐鹿地以造成我中國舊史之骨子者也

(四)新生代之中國　入新生代之初水火之威日殺甘肅及蒙古地方昔爲內海至是亦漸就乾涸砂漠成焉然以暴風所經營故土砂埃塵均隨風飛動運入黃河流域地方積爲黃土揚子江北部亦廣大之砂漠耳後以風之吹拂雨之浸潤遂成畧斯故畧斯大發育于中國其他則與今日地形幾無大異矣

第五　世界第一石炭國!

世界第一石炭國!石炭者與國家經濟消長有密接之關係而足以決盛衰生死之大問題者也蓋以汽生力之世界無不以石炭爲原動力者失之則能令機械悉死鐵艦不神雖曰將以電生力矣然石炭亦能分握一方覇權操一國之生死則吾所敢斷言也故若英若美均假殭死植物之靈以横絕一世今日垂盡矣此彼都人

士。所爲撫心愁嘆。皇皇大索者也。列邦如是。我國如何。利忒何芬曰世界第一石炭國！……今據日本之地質調查者所報告石炭田之大小位置圖眎於左即

● 滿州七處
- 燕河水（遼東）
- 賽馬集（遼東）
- 太子河沿岸（上流）（遼東）
- 本溪湖（遼西）
- 錦州府（大小淩河上流）（遼西）
- 甯遠縣（遼西）
- 中後所（遼西）

● 直隸省六處
- 石門塞（臨榆縣）
- 開平
- 北京之西方（房山縣附近）
- 保安州
- 蔚州
- 西甯州

● 山西省六處
- 東南部炭田
- 五臺縣
- 中路（譯音）
- 西南部炭田
- 大同甯民府間炭田
- 西印子（譯音）

● 四川省一處
- 雅州府

● 河南省兩處
- 南召縣
- 魯山縣附近

● 江西省六處
- 豐城
- 萍鄉
- 樂平
- 新喻
- 興安
- 饒州

● 福建省兩處
- 邵武縣
- 建甯府

● 安徽省一處
- 宜城

● 山東省七處
- 沂州府
- 萊蕪縣
- 臨榆縣
- 博山縣及淄川縣
- 新泰縣
- 章邱縣
- 通縣

● 甘肅省五處
- 蘭州府
- 古浪縣
- 山丹州
- 大通縣
- 定羌縣

等四十三處是也。或謂此外有湖南東南部有煙無烟炭田無慮二萬一千方邁爾。雖未得其的據。然吾中國炭田之未發見者。固不知其幾許。寧止湖南。今僅就圖中

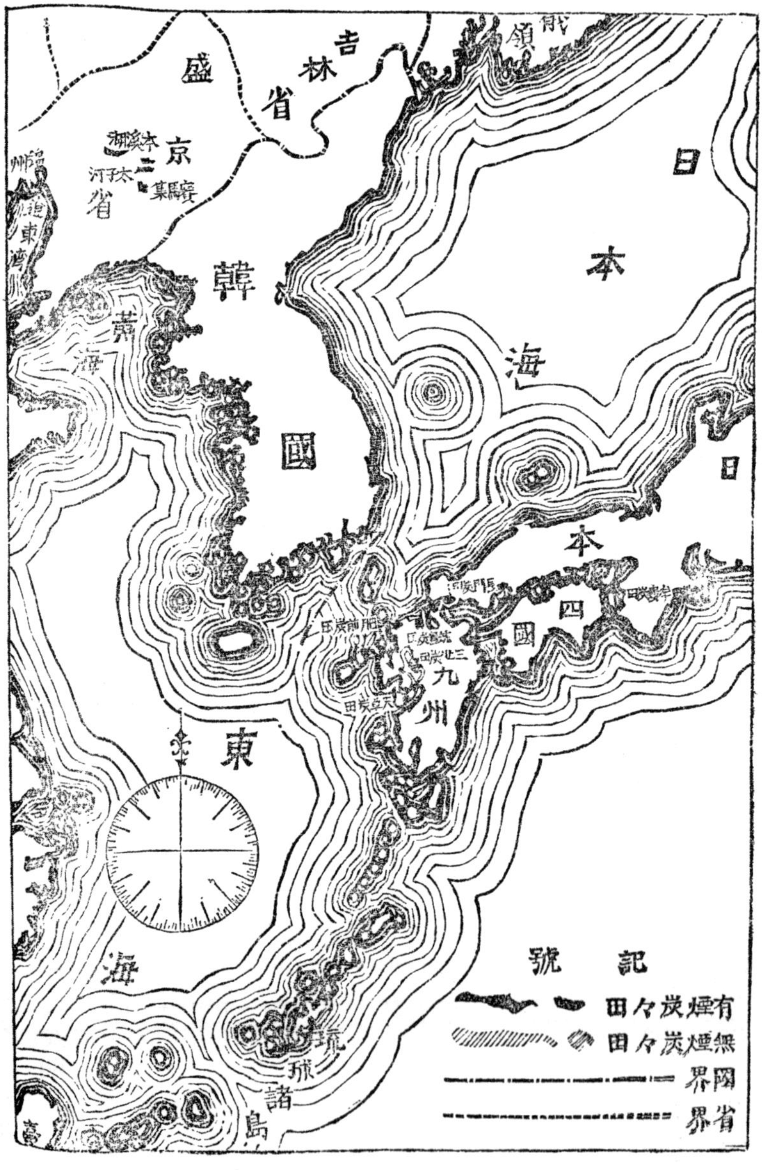
吉林省
盛京省
韓國
日本海
日本
四國
九州
東海
琉球諸島
記號
有煙炭々田
無煙炭々田
國界
省界

地理

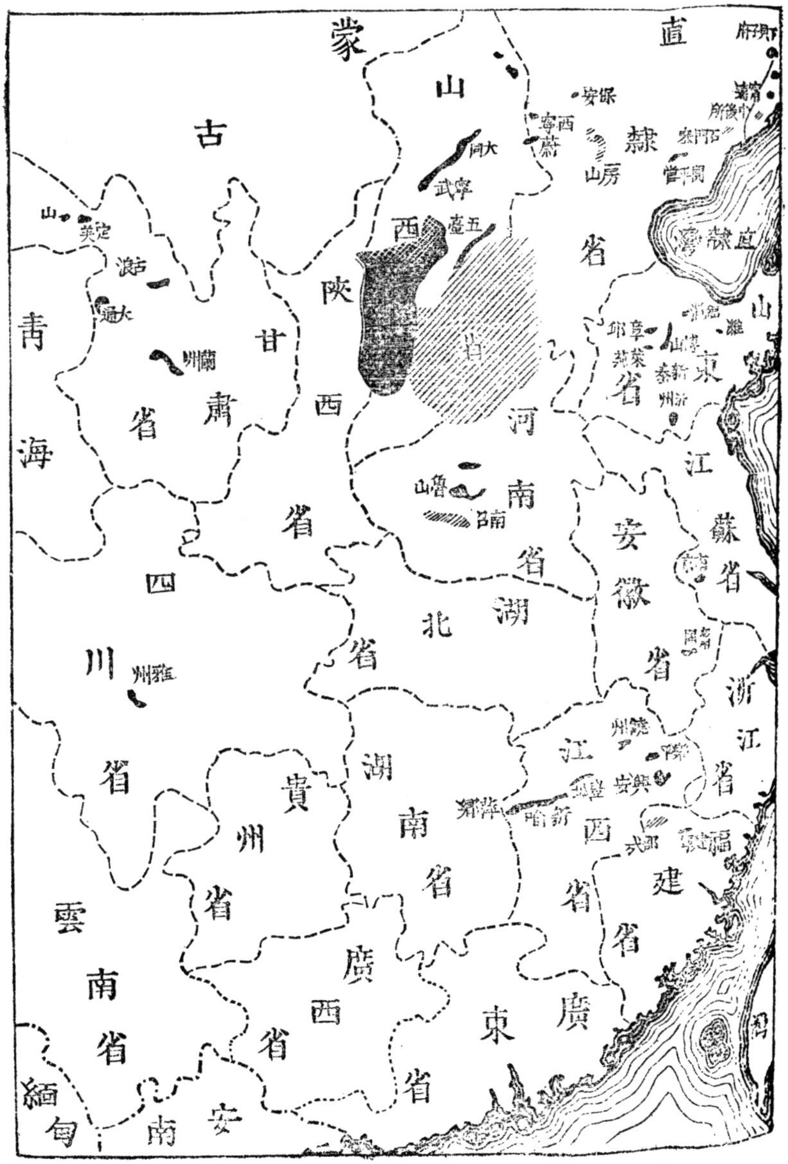
蒙古
山西省
直隸省
山東省
陝西省
甘肅省
青海
河南省
江蘇省
安徽省
四川省
湖北省
浙江省
江西省
湖南省
貴州省
福建省
雲南省
廣西省
廣東省
緬甸
安南
大同
五臺
保安
蘭州
雅州
魯山

西山省有烟無烟大炭田計之約各一萬三千五百方邁爾合計七百萬步加以他處炭田擬一極少數爲一千萬步設平均厚率爲三十尺一立方坪之重量爲八噸則其總量凡一萬二千億噸即每年採掘一億二千萬噸亦可保持至一萬年之久而未有盡也況加以湖南傳說之炭田五百六十六萬步即約六千八百億噸乎吾以之自熹吾以之自慰然有一奇現象焉即與吾前言反對者曰中國將以石炭亡是也列强領土之中既將告罄而中國乃直當其解決盛衰問題之衝列國將來工業之盛衰幾一繫於佔領支那之得失遂攘臂而起懼爲人先復以不能越勢力平均之範圍乃相率而談分割血眼欲裂直睨炭田而我復痲木罔覺挾無量巨貲不知所用惟沾沾於微利以自賊于是今日山西某炭田奪於英明日山東各炭田奪于德而諸國猶羣相要曰採掘權！採掘權!!嗚呼不待十年將見此膴膴中原已非復吾曹之故國握炭田之舊主乃爲採炭之奴棄寶藏之蕩子反獲鄙夫之謚雖曰炭田有以誨盜而謾藏不用則誰之罪哉

第六　結論

吾既述地質之分布。地形之發育。連類而之鑛藏。不覺生敬愛憂懼種種心。擲筆大嘆思吾故國如何如何。乃見黃神嘯吟。白眚舞蹈。足迹所至。要索隨之。既得鑛權。遂伏潛力曰某曰某均非我有。今者俄復索我金州復州海龍蓋平諸鑛地矣。初有清商某以自行採掘請。奉天將軍諾之。既而聞其陰市于俄也。欲毀其約。俄人劇怒。大肆要求。嗚呼。此垂亡之國。翼翼愛護之。犹恐不至。獨奈何引盜入室。助之折桷撓棟以速大厦之傾哉。今復見於吾浙矣。以吾所聞浙紳某者。竊某商之故智。而實爲外人倀。約將定矣。設我浙人若政府起而沮尼之。其結果亦若俄之于金州諸地耳。試問我畏葸文弱之浙人。老病昏潰之政府。有何權力。敢遏其鋒。闔口自臧。猶將罹禍。而此獠偏提外人耳而促之曰。若盡索吾浙鑛。嗚呼。鬼蜮爲謀。猛鷙張口。其亡其亡。復何疑焉。吾嘗豫測將來。竊爲吾浙懼。若在北方則無嘗耳。彼等既飽嘗外人槍刃之風味。滛掠之德政。不敢不慴伏諂媚。以博未來之聖主歡。奪最愛之妻女猶不敢怨。更何有于毫無愛想之片土哉。若吾浙則不然。台處衢嚴諸府。敎士說法。猶釀巨菑。況忽見碧瞳皙面之異種人。指揮經營丁丁然日鑿吾土。必有一種不能思議之感想浮游於腦而驚而懼而憤揮挺而起薅刈之以爲快而外人乃復得口實以要索以示威梟顱成束流血碧地之慘象將復演於南方未可知也即不然他國執勢力平均之說羣起奪地倏忽瓜分滅國之禍惟我自速即幸而數十年後竟得獨立榮光糾紛符吾夢想而吾浙鑛產本遜他省復以外族入室羅掘一空工商諸業遂難優勝於是失敗疊來日趨貧病嗚呼浙人而不甘分致戎之謗也其可不謀所以挽捄之者乎。

捄之奈何曰小兒見羣兒之將奪其食也則攫而自呑之師是可耳夫中國雖以弱著吾儕固猶是中國之主人結合大羣起而與業羣兒雖狡孰敢沮者則要索之機絕鄉人相見可以理喻非若異族橫目爲仇則民變之禍弭況工業繁興機械爲用文明之影日印于腦塵塵相續遂孕良果吾知豪俠之士必有悵悵以思奮袂而起者矣不然則吾將憂服箱受策之不暇寧有如許閒情喋喋以言地質哉（完）

傳記

中國愛國者鄭成功傳（讀第六期）

匪石

第七節　清鄭書詔往來之一年間

吾敍漳洲海澄戰事如畫龍一鱗一爪爲雨爲雲未嘗不一肖也雖然吾猶未爲之點睛讀者試猜之一塲忙碌一塲空淸歟鄭歟意何存歟吾諡之曰民族之戰惟民族戰則必如斐利賓之抗美獨立脫蘭斯哇爾之叛英圖存嗚呼其讎其讎吾灑血淚以濺之然則兩民族相遇弱者固死負其大好民族之旗幟行行重行行視死方如歸而一方亦抱懷民族的帝國之雄心不盡鬥殺其非民族不止也而獨不聞當日清人之言乎

自吾大兵入關所至降旗迎樹莫不從命文人爲我作詔檄雖不解其文義然吶

唔噫啞亦自成腔調武臣爭執刀爲我前驅我下令薙髮孰敢不薙髮我下令屠城孰敢不屠城順民男女數千萬匍匐跪拜于我膝下我奴其夫妾其婦又孰敢不聽從獨鄭逆反抗不奉命故命將出師聲罪致討我以中華人殺中華人而自後督策之又孰敢不唯唯而鄭逆猶不屈如故我將以如此如此之術行之鄭逆在吾手中矣（語見黃澄泣閩錄）

乃翻易其力取主義而爲詐取主義詐取主義何曰凡敵臣有忠於其國者必出種種之手段以殺之殺之則又封之賜之謚賜之祠而大號於國中曰吾所以旌忠也一術也凡敵臣有不忠于其國者必出種種之手段以伏之既伏則又困之或錮其身或格其名位曰所以告爲人臣之有二心者一術也其于士民則始威之終餌之俄人取之以利用東三省者也一術也故詐術者伯主錦囊中之秘寶也昔清廷得之以愚鄭芝龍而芝龍受之永曆六年清廷又諭芝龍曰

父既歸順而子獨不至此必地方官不體朕意爾宜以書招之

讀者謂清廷果信芝龍乎芝龍明人也而成功其子也其果信之謂清廷無人焉可

也。然則何說。曰智哉清人智哉清人清人入關未數年已能利用吾中國三綱之謬說而以父力薄其子矣其勝則吾之利也不勝則吾固可以從逆罪其父而大肆吾手掌中之權謀也不信則又請讀清廷諭閩浙總督劉清泰之辭曰

鄭若歸順則赦其罪賜之官若執迷不悟其以時進勦

於是以明年五月封芝龍爲同安侯成功爲海澄公十月芝龍奏曰臣以聖旨諭成功成功辭封不受命于是清廷命議政王會貝勒王大臣確議具奏既又頒諭成功。

（諭文長從略）

雖然成功何人斯彼固以光復中國爲主義以戰勝非民族爲目的者也清詔再三至彼方視爲屠殺國民之好檄文而閉聽塞明以爲淨故不照兩國議和停戰事例而日日整軍備修舟艦清使之來也其一爲李德其一爲鄭賈方二使周旋海隅時成功使陳輝張名振率舟師入長江奪其船一百餘又犯天津焚糧艘而忽有悲風慘雲自天際東南方而下覆江蔽淮陰陰欲雨此何地此何兆則以鄭將方舟次金山寺設故明崇禎帝位而祭之滴滴亡國之淚哀哀孤臣之歌江南何有佀餘黃葉

故宮無人。或鬥秋蟲。勞勞國民。喪奔若此。相與欷歔。面不可仰。而其時有心如撞鹿。頭如捉蠅。身子蹋躇。難爲地者。則數奉淸諭招降成功之鄭芝龍也。芝龍招成功不至。自問遣譴在即。不得已復遣其弟三子渡于和碩鄭親王。謂當勸以父子兄弟之誼。乃以七月再頒詔書。使內院學士葉成格理事官阿山。挾其弟賫詔入閩。九月七日。弟至于厦門。成功揮其愛絕痛絕之淚。而與弟言曰。吾兄弟一在天之南。一在地之北。天乎。何爲而至此。明日使弟渡至安平。促使者而別。使甘輝王秀奇率水師隨往。列營數里。以示軍威。十七日。葉阿二使至。成功使二使開詔書。二使則欲成功先薙髮。數日不決。成功乃期二使以二十五日會議。先一日。二使遽忽忽去。成功笑曰。其來也遽。其去也忽。何輕佻乃爾耶。且渠固癡呆者。吾故佯爲癡呆狀以應之。迺使鄭讚問二使以故。二使怒逐讚。而留其弟。成功乃謂參軍曰。淸廷何信之有。彼其甘言重幣而爲此者。其將以賺吾父者賺吾而已。吾何人。寧自墜其陷阱。乃作書復其父芝龍。其文曰。

兒于戊子年使王裕問候父親之安履。嗣聞父親被圍。王裕被擒。自茲以後。隻字不相通。至于壬辰。忽周繼武等以父親之書至。兒且駭且疑。其後使者相繼。乃使李德入京。嗟乎宗國已矣。父厄于敵。母死非難。諸弟無一安者。兒以孤身僻居海隅。嘗欲效秀夫之節。脩包胥之忠。藉報故國。聊達素志。不意清廷海澄公之命突然而至。兒不得已。按兵以示信。繼而賜四府之命又至。兒又不得已。按兵以示信。談席未終。勅使乃嘵嘵以薙髮爲請。嗟嗟。今中國土地數萬里。亦已淪陷。人民數萬萬。亦已效順。官吏亦已受命。衣冠禮樂制度文物。亦已更易。所僅留爲故明殘跡者。兒頭上數根髮耳。今而去之。一旦形絕身死。其何以見先帝于地下哉。且自古英雄豪傑。未有可以威力脅者。今乃質質以薙髮爲詞。天下豈有未稱臣而輕自去髮者乎。天下豈有彼不以實許。而我遂以實相應者乎。天下豈有不相示以信而遽請薙髮者乎。天下豈有事體未明。而遂欲糊塗了事者乎。□□八月。李德等至。未幾弟渡至。葉阿二使相繼至。往復數回。不得要領。皇皇奉勅入閩。徒以薙髮二字相逼迫。父試思之。兒一薙髮將使諸將盡薙髮耶。又將使數十萬兵士皆薙髮耶。中國衣冠相傳數千年此方人性質又皆不樂與□□居一旦盡變其形勢且激變爾時橫流所激不可抑遏兒又窃窃爲□□危也昔吾父見貝勒時甘言厚幣。父今日豈盡忘之父之尙有今日天之賜也非□□之所賜也兒志已定不可挽矣。倘有不諱兒只縞素復仇以結忠孝之局則兒終身所當有事焉（此書據日本某所著臺灣鄭氏史與他本間有出入然亦詞句微異其文義固大同也下致弟書如之又書多空白沒字處非眞空也空即是色吾證之以佛語）

又與其弟書曰。

兄弟隔別數歲。聚首幾日。忽然挾被而去。天耶命耶。弟之多方規勸。繼以痛哭。可謂無微不至矣而兄之忠貞自待不特利害不足以動吾心即斧鉞在背亦未足以移吾志何者中國存亡之大義宗主死生之至情道德隆污之巨節兄蓋已入其心而飲其精矣兄之心緒盡在父親書中弟閱之可以了然昔甲申城破時朝官數百皆易服迎新君即位。獨一乞人某賦詩自殉。曩讀其詩。未嘗不悲其志兄

致身宗國將以用兵老矣豈有旦脩包胥之節而晚貽名士之羞也哉惟吾弟善事父母克盡孝道自兹以往其勿以兄爲念

嗚呼吾料成功方作二書時其手顫其容慘其身慄以危一句一擲血一字一滴淚將以此爲完結家庭之倫事乎則成功有情人方懷死母詎絕生父然卒以宗國大義絕交愛父而不敢悔其詞怨其心苦或曰是書也所以絕淸人之覬覦也或曰父方懷讒兹所以救父也吾兩存之

（未完）

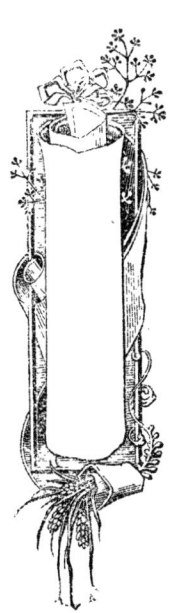

國讐未報壯士老
匣中寶劍夜有聲
何當凱旋宴將士
三更雪壓飛狐城

說鈤

自樹

昔之學者曰。太陽而外。宇宙間殆無所有。歷紀以來。翕然从之。懷疑之徒。竟不可得。乃不謂忽有一不可思議之原質。自發光熱。煌煌焉出現于世界。輝新世紀之曙光。破舊學者之迷夢。若能力保存說。若原子說。若物質不滅說。皆蒙極酷之襲擊。蹌踉傾欹。不可終日。由是而思想界大革命之風潮。得日益磅薄。未可知也。此新原質以何因緣。乃得發見。則不能不曰X線（舊譯透物電光）之賜

X線者。一八九五年頃。德人林達根所發明者也。其性質之奇異。若(一)貫通不透明體(二)感寫眞乾板(三)與氣體以導電性等。大惹學者之注意。謂X線外。當更有Y線若Z線等者。相率覃思冀獲新質。乃果也。馳運湦伏。必獲報酬。翌年。而法人勃克雷復有一大發見。

或曰勃氏以厚黑紙二重包寫眞乾板暴之日光越一二日畧無感應乃上置燐光體鈾鹽欲再行實驗而天適晦不得已姑納机兜中數日後檢之則不待日光已感乾板勃氏大駭異細測其理知其力非藉燐光而鈾之鹽類實自具一種類似X線之輻射線爰名之曰鈾線生此種線之體曰剌伽刻佉夫體此種物體所放射之線則例以發見者之名名之曰勃克雷線猶X線之亦名林達根線也然鈾線則無待器械電氣之助而自能放射故較X線已大進步

爾後研究益盛學者涅伏中均結種種Y線Z線之影至一八九八年休密德氏于釷之化合物中亦發見林達根線

同時法國巴黎工藝化學學校教授古蘺夫人於授業時爲空氣傳導之裝置偶於別及不蘭（墺大利產之複雜礦物）中見有類似X線之放射線閃閃然光甚烈亟告其夫古蘺研究之末知含有鈊化合物其放射性凡四千倍于鈾鹽以夫人生於坡蘭德故即以坡羅尼恩名之旣發表于世學者大感謝法國學士會院復酬以四千法郎古蘺夫婦益奮勵日事研究遂于別及不蘭中又得一新原質曰鉬 Radium 符號爲 Ra 按舊譯 Germanium 曰鉬然其音義于 Radium 尤愜故纂取之而 Germanium 則別立新名可耳

一八九九年。獨比侖氏亦於別及不蘭中得他種刺伽刻佉夫體。名曰愛客地恩然其輻射性不及鉬。

坡羅尼恩與鍅。愛客地恩與釷。鉬與鋇。均有相似之性質而其純質皆不可得惟鉬則經古蘺夫人辛苦經營始得略純粹者少許測定分劑及光圖已確認爲一新原質其他則尚在疑似之間或謂僅得保存其能力而已

鉬鹽類之水溶液。加以錏或輕二硫或錏二硫不生沈澱鉬硫養四或鉬炭養三不溶。解於水其鉬綠二則易溶于水而不溶解于强鹽酸及酒精中利用此性可於製鈾之別及不蘭殘滓中分析鉬質然因性殊類鋇故鋇恒羼雜其間去鋇之法須先令成鹽化物溶于水中再注酒精即生沈澱然終不免有鋇少許存留溶液內反復至再始得畧純之鉬鹽至于純質則迄今未能得也且其量極稀製鈾殘滓五千噸所得鉬鹽不及一啓羅格蘭。此三年間所取純與不純者合計僅五百格蘭耳而有謂世界中全量恐已盡是者其珍貴如此故値亦綦昂雖含鋇甚多者每一格蘭非三

十五弗不能得。至古離氏之最純品。以世界惟一稱者。亦僅如微塵大。積二一萬購之。猶不可得。其放射力則强于鈾鹽百萬倍云。

此最純品。即鉬綠〻也。昨年古離夫人化分其綠令成銀綠〻。計其量然後算得鉬之分劑爲二百二十五。

多漠爾憁氏曾照以分光器鉬之特有光圖外不復有他光圖亦爲新原質之一證。鉬線雖多與X線同而此外復有與玻璃陶器以褐色或革色令銀綠〻復原岩鹽帶色染白紙一晝夜間變黃燐爲赤燐及滅亡種子發芽力之種種性又以色兒路多皿貯鉬鹽(放射性强于鈾線五千倍者)握掌中二時間則皮膚被灼。今古離氏傷痕歷歷猶未滅也。古離氏曰。若有人入置純鉬一密里格蘭之室中則當喪明焚身。甚或致死。而加奈大之盧索夫氏則謂純鉬一格蘭足起一磅之重高及一呎甚或有謂足擊英國所有軍艦。飛上英國第一高山辯那維之巔者。則維廉可洛克之言也。綜觀諸說。雖覺近夸。而放射力之强亦可想見矣。尤奇者其放射力毫不假于外物而自發于微小之本體中與太陽無異鈤線亦若X線然有貫通金屬力此外若紙木皮肉等俱無所沮然放射後每爲被貫通之物質所吸收而力變弱設以鈤線通過○○○二五密里之白箔則强率變爲其初之四十九%再一次則又減爲三十六%二次以後減率乃不如初之著矣由是知鈤線決非單純有易被他物所吸收者有强于貫通力者其貫物而過也若濾分然各放射線析爲數種感寫眞乾板之力强者即貫通線也其中復有善感眼之組織者故雖瞑目不視而仍見其所在

鈤之奇性猶不止是有拔爾敦者曾于闇室中解包出鈤忽閃閃然發青白色光室中驟明其紙裹亦受微光良久不滅是即副放射線感寫眞乾板之作用亦與主放射同蓋鈤能本體發光及與光于接近物體之二性質宛如太陽與光于周圍游星然其能力之根源竟不可測

或曰勃克雷氏貯比較的純鈤于管中藏之衣底六小時後體上忽現焦灼痕未幾忽隱現于頭腕間不能指其定處後古離氏乃設法測其熱度法用熱電柱其一方接合點置純銅鹽他方接合點置含銅壚六分一之錫鹽計算所生電流之强率知

置銅鹽處之温度高一度半又以篷然測熱器測定〇●〇八格蘭之純鈤鹽所生温度一小時凡十四加羅厘即一格蘭所放射之熱每一小時凡百加羅厘以上也

其光與熱既非出於燃燒亦無化學的變化不知此多量能力以何爲根如曰本體所自發歟則昔所謂能力之原則者不得不破如曰由外圍能力而發歟則鈤必當有利用外圍能力之性而此能力之本性又爲吾人所未及知者也

鈤線亦有與空氣以導電性之性質設有鋼板及鋅板各一聯以銅絲兩板間之空氣令鈤線通過之則銅絲即生電流與兩板各浸于稀硫酸液中無稍異蓋鈤線能令氣體爲衣盎(集于兩極間之電解質之總名)分出荷陰陽電氣之部分故氣體之作用遂與液體電解質同鈤線中之易被他物吸收者此性尤著

從克爾格司管陰極發生之愷多圖線及林達根線及鈤線若受强磁力之作用則進行必偏設與鈤線成直角之方向有磁力作用則鈤線即越與磁力相對之左而行然因鈤線非單純者故析出屈于磁力及不屈于磁力之種種線進路各不相同與日光過三稜玻璃而成七色無異鈤線中之强于貫通力者此性尤著且因對于

磁力之作用故鉬線之大部分遂含有荷陰電氣而飛運極迅之微粒云

被磁力而偏之鉬線中既含有荷陰電之微粒則以之投射于或物體亦當得陰電古離夫婦曾用封蠟絕緣之導電體投以鉬線而確得陰電又以同法絕緣之銅鹽因帶陰電之微粒飛去而荷陽電此電氣之集積量每一平方密厘每一秒時凡得4×19^{-12}安培云鉬線中帶陰電之微粒在强電場時必偏其進行方向即在一密厘有一萬波的之强電場則偏四生的許此勃克雷氏所實證者也

自鉬所發射微粒之速度每秒凡1.6×10^{10}密厘約當光速度之半因此微粒之飛散故鉬于一小時所失之能力額凡4.4×10^{-6}加羅厘與前記之放出熱量較則覺甚微又從鉬之表面一平方密厘所放射之微粒其質量亦綦少計每一格蘭之飛散約需十億萬年準此則其微粒之大應爲輕氣原子三千分之一是名電子

電子說曰凡物質中皆含原子而原子中復含電子電子之於原子猶原子之於物質也此電子受四圍之電氣與磁氣之感化循環飛運無有已時凡諸物體罔不如是雖吾人類亦由是成然飛運遲速則因物而異鉬之電子乃極速者以過速故有

一部分飛出體外而光與熱自然發生爲輻射線然是說也必電子自具物質構成之能乃得秩然成理不然則縱調和之曰飛散極微悠久之曰須無量載而於物質不滅之說則仍無救也且創原子說者非以是爲至微極小分割物質之達於究極者乎電子說興知飛動之微點實小於原子千分之一乃不得不褫原子宇宙間小達極點之嘉名以歸電子而原子說亡

自X線之研究而得鈤線由鈤線之研究而生電子說由是而關於物質之觀念倏一震動生大變象最入涅伏吐故納新敗果既落新葩欲吐雖曰古籬夫人之偉功而終當脫冠以謝十九世末之X線發見者林達根氏 （完）

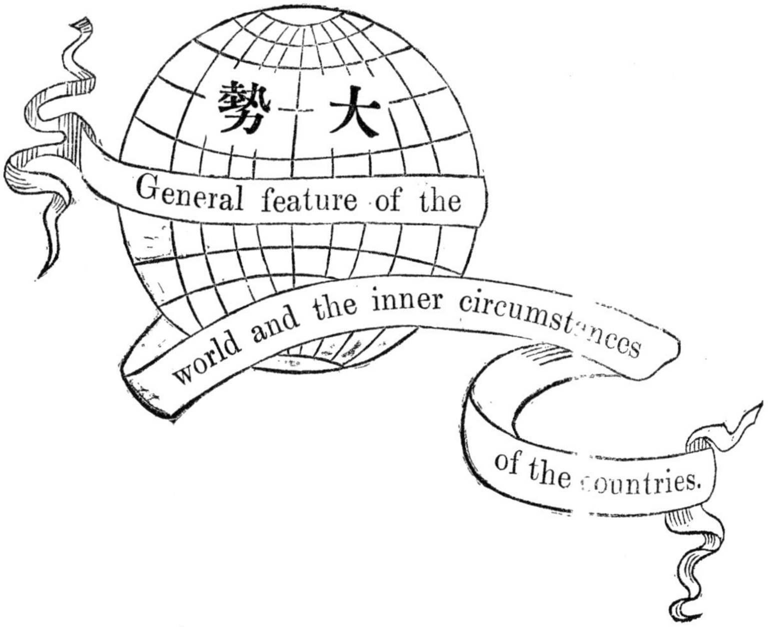
大勢
General feature of the world and the inner circumstances of the countries.

杭州旅行招待社簡章

杭州爲東南一大都會重以西湖山水甲天下故提劍負囊來旅行者趾相錯也然無淸潔之旅館無相識之地主人地生疎者殊苦之斯社之設冀爲旅人謀便利於萬一更望各省各府各縣聞風踵起聯合一氣令隨地皆有賓至如歸之樂其於社會交通或不無補裨歟例如下

一本社對於各級社會不能概盡招待之義務限於左方所記之各類

甲 留學外國之學生

乙 官私學校之職員及學生

丙 學會職員及會員

丁 報館館主及職員

一本社設於杭州下城頭巷錢益和木器店對門

一本社不收房金膳資自理少數人住宿不上一週者其御膳仍由本社供給之

一本社備牀鋪不備被褥

一供給茶水油火餘歸自理

一本社有專誠招待員如閱視學堂遊覽名勝購置品物招待員皆能盡追陪引導之責

一車馬費及途中酒食費旅人自理招待員用費由本社開支

一社友與旅人個人之交際其費用與本社無涉

一旅人欲住西湖本社可爲代謀房屋惟膳宿料均由旅人自理

一本社承認招待之旅人凡遊學外國之學生須有日本東京浙江同鄉會之紹介書學堂學會會館須有事務所蓋有印章之紹介書或有與本社社友相識之人之紹介書否則幸恕辭謝

一吸食鴉片者概行謝絕如私自吸食經本社察出立即驅逐

一本社經營方始篳路藍縷尚待擴充現以經費支絀致不能一切周備簡褻之處惟祈諒之

癸卯八月杭州旅行招待社同人改定

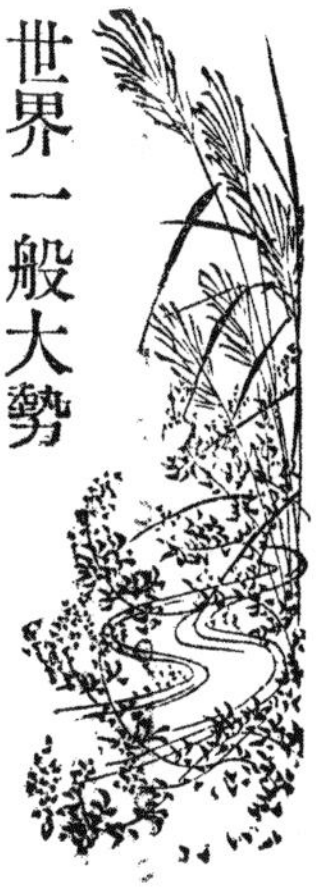

世界一般大勢

近世工商業之現象

鐵拳

近三十年來世界各國現一極大異象無論政治家教育家軍事家皆受其支配而不敢稍萌異志此何事此何事即政治的國粹主義進而爲經濟的國粹主義是也夫國粹主義者。十九世紀之嫡母也。十九世紀之種種戰爭。原因雖多。而其根本的原因實在乎此。德國一統之戰爭。吾姑措之。其餘若巴爾幹半島、若奥太利、若俄羅斯、若法蘭西若美利堅。其戰爭之目的。何一非欲建設其民族的國家。以實行其國粹主義。然則國粹主義者初亦不遲政治上之格言社會上之元則耳大勢駸駸激而益緊于是國粹主義之四字一變而爲經濟界之警語且不僅此其主義之對於內也有無上之權力足以舉內政外交教育軍事諸立國之大機關而左右之運轉

大勢

之更膨脹而溢於外也則如颶風之驀地括來墟人國呑人種猶反手也不觀夫經濟主義之歷史乎斐洲蠻矣澳洲白矣煙顚人之巢窟爲經濟大王之泉府矣東西洋島嶼之土著將不留片影於人間矣風雨凄凄哭聲不已此非亡國之鬼乎可不哀哉然而吾不暇哀焉吾且哀吾中國數年以來社會退步之速不可思議盜賊滿山餓莩徧地游手日以多富家日以落雖無詳細統計之表而觀此亡國亡種之兆能無棖觸于其中耶吾聞有自燕趙來者曰『今北京一帶化胎斷產凡之告白徧揭於道旁』吾又聞有自南方來者曰「民無大小貧富其精神皆有大難臨頭之概即下而至襁褓孩童亦有一種奇奇怪怪不可言喩之悲苦」嗚呼吾聞之膚如粟手如冰眼枯而無淚心顫而增痛黃裔雖衆其奈此經濟風潮何

觀吾國今日之現象則世界列國對外之方針可以知矣夫列國對外政略之過半非即所謂工商政略者乎陸軍之準備海軍之擴張壯大誠壯大矣然剖解其性質推究其目的評判其手段皆所以保護其工商政略更從而推行之膨脹之也庚子之役彼冐萬險歷千辛提大軍而來極東者豈盡爲宗敎之傳播乎旅行之便利乎

夫亦謀工商政略之侵入已耳錦繡圓輿羣雄逐鹿目光炯炯惟利自圖今則瓜分殆盡一砂一草皆有主人而競爭之勢終無術以獲免遂有藉政府雷霆萬鈞之力出而角鬥于一萬九千七百萬方哩之經濟賽會中而二十世紀之工商保護政策遂於是乎出現

自保護政策出現工商業之發達如大鵬之摶扶搖而上矣其工藝之新奇通運之迅捷商術之神妙如魍魎如妖怪見之瞠目聞之咋舌蒸蒸日上未有限量而報館議會猶復沸騰其說曰工商世界工商世界務使政府助金大加獎勵者誠有見夫現今大勢者也夫工商業者殺人不見血之戰爭也保護政策者此戰爭之防禦器也蒙敵之侵襲而不用防禦器者未有不敗北者也此各國之所以孳孳也歟雖然推其歷史尋其階級則有工而後有商有工業保護而後有商業保護者也故吾欲述近世工商業之現象不可不先溯工業保護之歷史用特作發明保護（發明保護者即與以專賣權也）開始之年表以供衆覽

英　一、六二三年　美　一、七九〇年　法　一、七九一年

大勢

德	一、七九一年	意	一、八〇六年	伯刺西	一、八〇九年
荷（無特許法）	一、八〇九	奧	一、八一〇	比	一、八一七
瑞典	一、八一九	西班牙	一、八二〇	葡	一、八三七
日本	一、八八五	瑙威	一、八五	瑞西	一、八八八
突尼斯	一、八八八	丹麥	一、八九四	陀米尼	一、八九六
塞爾維	一、八九九				

吾更略述發明保護以來之歷史。百年之中。若安提森之蓄音機。俾爾之電話機。馬哥尼之無線電信。瓦特之蒸汽機關先後發明社會一變其革命之巨功豈華盛頓克林威爾之所可同日語耶

誠將十九世紀末三年之發明特許意匠商標爲一個年之平均數列表于左。

	發明特許	意匠	商標
比利士	六、九六	一九〇	七六〇
伯刺西	二六二	〇	二四六

丹麥	七四九	〇	二八一
陀米尼	〇	〇	
西班牙	一、〇四九	〇	四五七
美國	二三、〇二七	一、六〇九	一、五三六
法蘭西	一二、五一七	六〇、二一〇	九、四八一
英吉利	一三、八三二	一七、九七四	三、四七九
意大利	一、九一二	七九	三四二
瑙威	一、〇三六	—	一八七
荷蘭	—	—	八三二
葡萄牙	二八九	四三	三三七
塞爾維	四	五	一七
瑞典	一、〇八六	一三	四〇三
瑞西	一、九二五	四二、三六八	一、〇二一

大勢

突尼斯	六六	｜	一九
日本	四九二	一一〇	一、七六九
德國	七、二六一	一二八、七七四	七、二四八
奧大利	三、八五〇	一〇、四五三	二、四三一
匈牙利	三、三一四	六七六	二九七

工業之發達既如此其盛則新重商主義之流行亦勢之所必至者也何以言之曰、內國之工業既充足而有餘則不得不向出口港而外溢于是商業政策之名詞國際的商業之名詞皆纍纍然出現于世而要不外乎保護政策蓋保護政策者不啻排斥外國品而謀內國產業之安全已也其力量實足以醒自由貿易之迷夢振產業界之人氣而別開生面者也今就其淺而易見者言之其利有三(一)能護內國產業之幼稚(二)能紓外國品壓倒之虞(三)製造之輸出較之原料之輸出足以利用內國之勞力而又能增價値闢利源也更進之則農業問題也航業問題也殖民地問題也皆與保護政策有密切之關係在焉所謂殖民地問題者何曰今之世界非如

古之熱諾亞文尼斯之能以彈丸之地而握商界之牛耳者也二十世紀之大商國必其爲有大領土之國也所謂航業問題者何曰殖民地與母國有相聯之二原則其一爲雙互之感情其一爲實際的利益之關係航業者所以疏通是也且當此商戰劇烈之時商船即軍艦也商船之航路即軍艦之航路也是則航業之關係可以知矣所謂農業問題者何曰農業者自經濟上之利益言之自軍人上之强健言之又皆有直接之影響者也若夫自由貿易則不獨失商界之覇權而農業亦大受打擊者也英國之前事可以鑑矣要之今世之工商業內之則爲國家發達之脂膏百姓生活之命脉外之則爲帝國主義之嫡母民族戰陣之中堅其爲力也强其爲勢也大其爲競爭也烈是則保護政策之風潮如水銀瀉地無隙不入者實出于事理之不得不然非一二人之力所能爲亦非一二人之力所能抗者也

今述工商業之現象擇其有代表之資格者得四國。

未完

大勢

各國內情

德國國勢之進步

慧僧

自海外殖民問題起維廉第一與畢士麥克亟亟以擴張領地爲事自千八百九十七年占据我國山東省之膠州灣以來又於太平洋沿岸占領數多之群島蓋國民政策云者不僅伸張國家之勢力於工商業上亦大受其影響也今將千九百二年迄德國海外殖民地之概略羅列於左。

		占領年期	政制	面積	人口
非洲	特孤倫	一八八四	帝國總督	三三、七〇〇	九〇〇、〇〇〇
	卡美倫	一八八四	仝	一九一、一三〇	三、五〇〇、〇〇〇
	德領南西部地	自一八八四至一八九〇	仝	三二二、四五〇	二〇〇、〇〇〇
	德領東部地	自一八八五至一八九〇	仝	三八四、一八〇	八、〇〇〇、〇〇〇

大勢

	合計	自一八八四 至一八九〇		九三一、四六〇	一二、六〇〇、〇〇〇
亞州	膠州灣	一八九七	仝	二、〇〇一	六〇、〇〇〇
太平洋	維廉地	自一八八五 至一八八六		七〇、〇〇〇	一一〇、〇〇〇
	畢士麥克群島	一八八五		二〇、〇〇〇	一八八、〇〇〇
	卡洛英諸島	一八八九			
	攀利孟諸島	一八八九	民選總督	五六〇	四〇、〇〇〇
	安利孟納諸島	一八八九		二五〇	二、〇〇〇
	沙羅孟島	一八八六		四、二〇〇	四五、〇〇〇
	馬甲諸島		代表委員	一五〇	一三、〇〇〇
	沙麻島	一八九九	民選總督	六六〇	一二、五〇〇
	阿島（沙巴烏巴）			三四〇	一六、六〇〇
	合計	自一八八四 至一八九九		九六、一六〇	四二七、〇〇〇
海外領地總計		自一八八四 至一八九九		一、〇二七、八二〇	一三、〇八七、〇〇〇

覽右表。即知德國海外之領地。較諸德意志聯邦二十五州、及阿羅塞魯林司之面

積二十萬八千八百三十平方哩者。實大四倍也。然於亞細亞洲之殖民地。祇有千八百九十七年所佔據我國之膠州灣耳而所謂條頓民族之後勁者抱此雄飛世界之氣概其能忍而與之終古耶雖然環顧亞東惟有大陸上之老大病國尚可擴張其民族的帝國主義也嗚呼今而後德國於東方之經營吾知其必將相逼而來矣。

千八百七十三年。德國之金融界忽破裂其舊時之制度使內國之工商業界與外國之貿易事業各各大受其影響者則採用金貨本位制是也當是時畢士麥克得自由黨與保守黨多數之贊成。頗主張自由貿易之說。而政府則確定其保護政策絕不稍動畢公之意見亦漸引漸近其結果遂於千八百七十九年。以保護稅法案在帝國議會中提出得議員及畢公之協贊實施關稅保護法由是而內國之工商業益益發達。其明年。畢士麥克為商務大臣。

自千八百七十九年。施行保護稅法以來其効果之最著者為農工業之製產品如其物品輸送之經由官設鐵道者則低減其運金其對外國輸入之貿易品則賦課

大勢

以重稅故德國之海外貿易逐年增加而外國品物之侵入者亦逐年減少試以三十年來德國輸入輸出之總額而畧較之千八百七十二年輸入額約十六億三千百萬圓輸出額約十一億六千三十一萬圓輸出入之總額約二十七億九千百三十一萬圓也千八百八十七年輸入額約十五億六千二百三十五萬圓輸出額約十五億五千七百六十五萬圓輸出入之總額約三十一億二千萬圓也千九百年輸入額約二十八億八千二百八十萬圓輸出額約二十三億五百六十九萬圓輸出入之總額約五十一億八千八百四十九萬圓也要之德國之製造品於國內足以與外國輸入品相抵制於海外足以與外國貿易品相競爭是則保護政策之効可想見已今將千九百一年德國與外國貿易之情況列表如左

國名	由外輸入	由內輸出
德意志自由港	二〇、七九四	八三、八六三
英吉利	六五八、七五六	九一八、一六一
澳大利匈牙利	六九三、二六二	四九一、五一八

俄露斯	七二九、五四八	三四五、九〇四
瑞西	一五四、一八三	二六四、三一〇
白耳義	一八六、四九〇	二三五、九八四
尼塞倫	二〇三、八四〇	三七九、〇〇四
法蘭西、阿爾格利、基尼斯	二八九、二一九	二五〇、八二三
意太利	一八二、五八〇	二二七、二四二
瑞典腦威	一〇五、二八三	一七六、四三〇
丁抹	六八、三三九	一一八、〇三九
西班牙	七八、三四〇	五〇、〇三七
巴爾幹半島	一〇〇、三〇九	九一、一四七
葡萄牙	一八、〇八〇	一九、八九九
英領印度	二一四、八二九	七九、五四八
亞細亞諸國	一七八、〇七一	一三〇、七九〇

大勢

亞非利加洲	一一八、八一三	七〇、一六〇
美洲北部中部	一、〇九五、六七一	四四四、一五三
南美及西印度	四九六、九四九	一七九、〇六一
澳洲	一一一、二三三	五四、六六六
其他諸國	五、七五二	一、九〇八
合計	五、七一〇、三三八	四、五一二、六四六

自千八百八十年至千八百九十四年。德國經濟上之進步。要以工業及商業爲重。雖然。經營工商業者日見其多。即服疇於農業者日見其少也。試徵之千八百八十二年之戶籍調查。每千人中從事於農業者四百二十五人。從事於工業者三百五十五人。從事於商業者百人。至千八百九十五年。則從事於農業者三百五十七人。從事於工業者三百九十一人。從事於商業者百十五人。若概算三十年以前全國國民之從事於農業者。如十與六之比。今則僅成爲十與三、五之比矣。由是觀之。德國工商業之發達不甚可驚哉。

覘德國國勢之進步。其總原因有二、工商業之科學的組織也一、實業家之協同的精神也德國之工商業家莫不抱科學的意識製造種種之貿易品又致求世界貿易之實況竭力低減其價格以迎合需求者之選擇而國民又知小資本家之不能與大事業也則以共通之目的合資營業其對外的競爭有所謂『輸出業者之聯合』者即其例也要之德國之工商家實富於協同一致之精神以國家全體之利害爲利害而不以個人之利害爲利害是其國民特具之種性也

雖然德國實業之勃與其一方面由於以上二原因其他方面則由於政府之能實行保護政策也按保護政策尤以千八百八十八年普雷孟、及亨勃爾克二都市加入於關稅同盟一事爲最切要其後千八百九十四年至千九百年間克勃利維爲首相締結關稅條約是亦發達商業之一大助力也且國富增則國民生計之程度亦隨之而進據千九百年之統計德國貯蓄銀行之貯金額比往時實增其倍而國民之生命保險金、與所得稅亦非常增加至論其國家之財政則帝國政府之普通歲入千八百七十二年約二億八百九十四萬六千九百四十圓也千八百八十年。

約二億八千百八十一萬圓也。千八百九十年。約五億百八十萬圓也。千九百年。約七億五千二百五十六萬五千五百七十圓也。其帝國政府之國債千八百七十五年。約八百萬圓。千八百八十年。約一億九百二萬圓。千九百九十年。約五億五千八百九十萬圓。千九百年。約十一億四千九百二十四萬圓也。至帝國政府及各聯邦之普通歲入。千九百年中普魯士約十二億三千六百十三萬三千圓。其他各邦。約六億七百九十九萬圓。其不加入於各聯邦之歲入。而專爲維持帝國國庫者。約四億六千九百二十萬四千三百八十圓。蓋本年中帝國政府及各聯邦之普通歲入。總計實二十三億千三百三十二萬圓也。嗚呼以國富如斯之增加實業如斯之發達實三十年前所夢想不及者也今日蒸蒸日上之勢正未有艾德國將來必能駕英軼美而握全世界實業之牛耳也不其盛歟。

（完結）

野獲一夕話

匪石

元

凡人至思想極到時即有一種古怪不類人之現象聲音似嗔非嗔笑貌似執非執言論似僻非僻舉止似乖非乖求之世間若無一足當我意人亦憚之不敢親過或成疾爲癲爲瘋爲癡爲狂之人也吾諡之曰獨人（杭諺謂之獨頭）宋末有獨人曰三山鄭思肖字所南嘗遭宋元之變奮身以復宋室絕元賊爲志所著有心史上下卷皆獨言也其德祐謝太皇后上狩攢宮議有云

凡遇『元』字並削之直書爲賊虜仍不得存賊虜年號如我朝（指宋）『元』年宜易爲初年或爲一年其他一切値用『元』字並以理易之得中興（天子興）凡姓『元』者宜勅下易姓爲宋或易姓爲胡絕僞逆徵迹使不復聞其聲見其字

鄭氏憾元。幷其字憾之。非所謂獨言乎哉。鄭氏又言。『大宋不以有疆土而存。不以無疆土而亡』其民族觀念乃若是其深入不渝也。吾聞中國有獨頭山伯夷之墓在焉。當以禮迎鄭氏骸骨祔葬之。

明

雍乾以來。文字之獄。徧及山谷。至有一詩句。一文字。仇家得之。即捕風捉影。告逮常數十百人。如以『明月』二字。偶上下字湊合有間。便可遭禍。謂意在復明室也。故以應試文字。忌用『明宗』『明主』『明君』字樣。而今日海上各書肆。皆標號『文明』『開明』『通明』『明權』字。招搖在市。不以爲怪。試思懸之雍乾時。市中不知已有多少好頭顱。滾入枉死城裏去也。一嘆。

文八股

崇禎甲申之變。吳三桂迎清軍入關。遂即帝位。朝臣易服迎駕。蹌蹌濟濟。絡繹不絕。然賦絕命辭。爭自殉者。亦頗不乏。吉光片羽。殊繫哀歎。不料某氏子乃以戲謔之詞出之。寥寥短言。感慨係之矣。某日。都城揭一文云。

謹具大明江山一座崇禎夫婦兩口奉獻
滿洲大皇帝座下　　眷晚生文八股拜具

夫八股流毒士民余一言不能盡獨是物具大魔力于前三百年則以中國全土紹介于滿洲于後三百年則又以中國全土紹介于普十方諸大强國魔法無邊可畏哉或曰人之生也于母之股今以數萬士生息八股之下其穢惡可知也宜有是灾

洪王宮聯

洪氏既得金陵大治宮殿自謂復明室之遺業修共主之威儀其宮門聯有云

虎賁三千直掃幽燕之地
龍威九五重開堯舜之天

獨手擎大重整大明新氣象
單心報國降清外域異衣冠

初洪氏起于廣西志不小矣惜陽襲彼教名目而惡則過之盖魔于帝王思想者也西方自由平等親愛三大神其時未入中國吾于洪氏又何辭

談叢

杭州淨慈寺僧所述

同治十三年日人曾根俊虎至杭州。遊淨慈寺。見長老名吾哲者。談及洪楊之事。曾根氏叩以洪楊之檄。哲老歎曰。東來之客多好事者。老衲豈明太祖哉。虔奉佛法。不敢聞世間事。既承明問。當使侍者抄達左右。翌日長老遂以文來。其文曰。

(銜略)爲實情勸諭棄暗投明共出迷途各保福祿。夫天下者中國之天下。非□□之天下也。寶位者中國之寶位。非□□之寶位也。子女玉帛者中國之子女玉帛。非□□之子女玉帛也。慨自明季凌夷。□□肆逆乘釁竊入中國。盜竊神器而當時官兵人民未能共憤義勇驅逐出境掃淸羶穢。反致低首下心爲其臣僕。迄今二百餘年。濁亂中國。鉗制兵民。刑禁法維。無所不至。而一切英雄豪傑。莫不爲之制而甘爲之用。是則令人惡之痛心恨之刺骨者矣。然從前爾等官兵。爲□所用。本係被其迫脅。且前時未逢聖主。首出無所依歸。爾等又不能共創義舉。自不能舍國佗適。亦猶黑暗之中。未睹天日。暗中摩搔。不辨方位。何能不誤入迷途。以待天曉乎。玆者三七之□運告終。九五之其人已出。恭維天父天兄大開天恩親命我眞聖主天王降凡御世。用夏變夷、斬邪留正。誓掃胡塵。拓開疆土。此誠千古難逢之際。正宜建萬世不朽之勳。是以一時智謀之士。英傑之儔、無不瞻雲就日。望風景從。誠深明夫去逆效順之理。以共建夫敬天勤王之績也。惟是爾等官民人等、雖曾爲□官□兵、亦皆是天父之子女、不過從前誤爲□用、不能不聽其驅使、助□爲害。跡雖可恨、情實可原、今旣遇眞主當陽、自宜棄暗投明、共歸正道、滌舊染之汚俗、作天聖之子女、且我天皇恩德高厚、援救蒼生。果能敬天識主、傾心歸坿、莫不一視同仁。無分畛域。本軍帥等誠恐爾等執迷不悟、受□蠱惑、用是不惜援手、竭誠拯溺、特將順逆之大原、利害之實跡、爲爾等明諭之。夫□□之籠絡漢人。首以官職、爾等試思凡有美缺要任、皆係□□補授、而衝繁疲難者、則以漢人當之、使之虧空詿誤。動輒得咎、名雖爲官、何異桎梏、若夫陞遷調除、□□則通問保薦、各踞顯要。一屬漢人、不遭□頭批駁、即受□部阻隔、縱使功績赫奕、終亦非賄不行、至兵則□兵雙糧、漢兵單餉、一遇戰陣、則漢兵前驅、□兵後殿、故每天兵臨壓、立成齏粉。其肝腦塗地、死首堆山者、惟漢兵爲最多。而□兵在後、雖前鋒

談叢

失利。而鼠竄奔逃。故世俗為鄉男謂描死牌。而呼漢兵為贅成鬼也。至于頒賞犒賜。則又□□是得。而漢兵無與焉。且爾等之所以拋父母離鄉井。被霜觸暑。出生入死者。非欲圖建功名耶。而□□於軍中功名。則又無所定準。任是紅藍白頂。皆是虛無假借。故俗以軍功頂戴謂之太平消蓋。以急則與之。緩則奪之也。爾等又何苦以百戰之餘生。而博此虛假之名器乎。且千里徵調。飛符迅急。千山萬水。跋涉從戎。露宿風餐。辛勤畢備。身未建夫功名。生已喪夫鋒鏑。良可惜也。況爾等為兵為勇之人。半係平日誤作非為。是以借兵勇為逃死之地。其忍爾等。如同蛇蝎。而□□又嚴其法網。多方責治。而使一旦歸鄉。人即共相誅殛。非活埋諸土。即生棄諸淵。此實本軍帥在粵時。並躬歷八省。實所親見。爾等無論不能躬致顯榮。即或稍有附進。亦終不榮歸故鄉。諺有之。富貴不歸鄉。如衣錦夜行。乃爾等從軍則有死無生。還家則以生就死。容身無地。死而後已。午夜自思。曷堪悲痛。是皆爾等為□所用。故乃一至于此。然此不過就爾等為兵勇者。大約言之。至于荼毒生靈。貽害黎庶。則又截南山之竹。書罪無窮。決東海之波。流毒無盡者矣。故□□之世仇。在所必報。共奮義怒。殲此醜夷。恢復舊疆。不留餘孽。是則天理之公。好惡之正。何反含毒忍恥。爲之奴隸。違背天朝。不思歸坿。是何異曠安宅而不居。舍正路而不由。嗟嗟可恨也。已爾等折知我天朝廓達大度。胞與爲懷。不分新舊兄弟。皆是視同一體。大功大封。小功小賞。上而王侯將相。下而兵士婦孺。得使衣食得所。居處相安。有家者和樂致慶。無家者婚姻及時。雖在軍旅之中。仍不廢家庭之樂。以視爾等流離異域。橫死彊場者。眞不啻有天淵之別也。況乎共扶眞主。各建殊勳。千載一時。功名何旣。刱太平在即。不三四年。俱爲開國勳臣。爾時分列茅土。衣錦榮歸。此皆大丈夫之所爲。爾等何又昧于從違。而不早圖變計乎。天朝天恩高大。往者不追。果能悔悟來歸。定然量材錄用。弗以曾爲□官。自懷疑忌。回頭及早。速出迷津。本軍帥實有厚望焉。儻仍至死不悟。甘爲□奴。轉瞬天兵大至。噬臍無及。爾時悔之。亦已晚矣。本軍帥等念切中土。被□披靡。故實情明諭。雖痛切不知所言。孰得孰失。當自思之。速著先幾之識。勿貽後至之誅。庶無負本軍帥等諄諄曉諭之至意。布告爾衆。咸使聞知。

談叢

太平天國戊午年月日

曾根氏答書曰。(上略)今亞洲諸邦國不相依。人不相輔。萎靡姑息。輕薄苟且。無有能張紀綱而獨立者。又如朝鮮安南暹羅緬甸竺土(即印度)等處。亦復被制歐西。其差强者惟中東兩邦耳。近擬倡立興亞會。須使中東兩國同心協力。輿亡相共。然後推及亞洲諸邦。共相奮勉。俾能自强獨立。庶可終雪會稽之恥(下略)

檄前署銜凡七曰干王洪。英王陳。贊王馮。輔王楊。忠王李。侍王李。章王林。銜長。故削之。文雖不雅馴。其志意可知矣。至如曾根氏拳拳于淨慈一老僧。固有心人哉。中朝無人。坐失機會。其將誰尤。

所聞錄

●浙江人聽者！賣我浙江礦產者聽者!!

地蘊五金而不知採民惑風水而不加懲此吾國一般貧弱之大源也吾浙礦產饒于浙東四郡前明多盜採者禁之不絕前年杭紳高爾伊等創設寶昌公司承辦其事聞者方欣欣相語以爲無窮之利庶幾興焉孰料若人者竟藉承辦爲名暗招洋欵拱手捧全省之鑛權謹贈之于意商而乞其餘以自肥夫歐人之謀人國也先以通商繼以鑛路終則盡吸取其菁華使之坐困一朝有事巨砲隨之無不立摧英之於印度埃及之往事其殷鑒矣意人于我何獨不然其前年來索沙門灣也吾浙人士咸震驚不安至今追憶及之猶爲心悸高紳亦圓顱方趾儼然人類者也寗不知自開關以還吾國國勢日以凌夷列强耽耽惟伺隙以乘我苟妄啓其端則將來燎原之禍必至不可收拾乃不是之惜敢于引狼入室爲虎作倀舉億萬年無窮之寶藏以爲獻媚外人之贄見金圖博他日一高等奴隸之位置是直狗彘不食之徒雖萬死不足以蔽其辜其殘貪之性喻之以非洲蠻族自鬻其父母子弟以求一日之果腹者不爲過也雖然彼有詞矣是舉也本出廷旨於已無關則又掩過飾非搖惑人聽之說也外力之消長全省之存亡其關鍵懸于此一舉縱時禍燃眉無可奈何倘須尋一線生路以自活況彼既不自謹于先又不補救于後乘今日商部創立伊始政府又未調印及早圖之猶可立

毀成約收回利權重整旗鼓以完我天然之富利彼乃不是之圖誘以事已至此欲能不能勸以拒絕前盟而不從招集華股而不聽剛愎自用敢于敵全省人之公憤是必有所貪者在以是證之則前日謠諑紛紜僉謂彼與意商立有密約贏利每百萬其十二入其私橐是說之可信彼雖身置百喙無可辯矣吾乃大聲疾呼以告吾浙人曰浙東四郡之鑛產吾浙人之共有物也斷不可讓之外人意人封豕長蛇難盈其慾使根據既固得隴望蜀他日地圖慘變顏色其誰作之俑乎凡吾浙人苟有血氣斷不能任彼斷送吾儕祖宗墳墓宗族聚居之一幅錦綉好江山于高鼻紅鬚兒之手永陷吾儕文明華冑于泥犂地獄自刼而不可復必將有以舒吾浙人之公憤寒後來賣國賊之膽想吾浙十一郡中俠風未已豈無荊軻聶政者流拔劍以起勿謂姬姜盈前每食十萬優游歲月莫予毒也高紳其亦知所以戒夫

●浙江大學堂之近狀

浙江之有學堂以求是書院爲嚆矢其課程一切亦備式而已固無所爲精神敎育者自去年來朝政改張詔增設學堂浙省大吏逡逡無所措手足乃易其名曰大學堂以塞責以是總理職員敎習以下各增薪有差至于課目章程同無所損益也今春全堂學生退學事起聞者咨之然猶冀其悔悟前非重加整頓乃迄今未聞改革事方疑之頃有自國來者詢之知今秋招考新例頗苛遇有稍涉時論字過五百者不錄

嗟乎吾浙全省之學堂其寥落如晨星不爲吾浙人之羞者幾希凡有人心孰不思革而新之普而及之更安能聽歲費巨萬金之大學徒供人藏嬌養老之地以致埋沒學界與書院義塾立于同等之地位哉夫大學堂

者吾全省人士之所注目也繫全省人士。望居全省學校之首宜若何整頓改良始克名符其實吾國教育初在萌芽固不能求其完全無缺使能盡力爲之或可逐漸改良順序以進效法於各强國如日本之還應則三十年後當見普及教育之盛凡吾儕青年子弟因得備常人之智識完國民之資格以與東西列强競爭于圜輿之上勿致甘貪口腹以賣國者此吾儕死猶瞑目者也且前此學堂雖不過英文數學然風潮磅礴時世逼迫間亦有傑出之士寓其中爲縱司事者以爲吾年已耄無能爲也因其老之可憐固不宜苛加篤責然亦當聽其自然任其發達可也何必妄施干涉手段以阻遏我全省人士之新機在今日不過謂學生奄奄無氣便於己之尸位素餐而他日之流禍貽毒眞有不堪設想者吾懸念及之不禁爲全省人士一塲大哭。

●官逼民反

咄！官逼民反嘻！官施何毒以逼民反噫！民受何毒始敢倡反此中因果果何在耶

吾聞桂省紳衿謂桂省之亂蔓延徧地。不可收拾者。由王之春之撫桂始也。夫桂省之亂迫之于勢而不得不然者也王雖抵桂無法以謀協和乃賣地與法人以請代來平亂一若惟恐桂省之折入于法版圖之不速也。于是桂省之人群夢初覺搓眼崛起始知王之來桂非平亂而來乃來製奴隸務以賣吾桂人者也吾屬桂人。烏可不自保其性命財產耶欲自保則不得不投入亂事黨之盤渦中以抵抗之以暴發以成一燎原不可抑。之局而是則謂王乃賣國賊之巨魁也可謂亂事黨之媒介也亦可

雖然此近乎兒戲之言無與于得失者也。吾今有一言欲以質諸我國民。曰、王之赴桂其自赴耶抑別有垂拱

所聞錄

在上之主使耶又製造吾同胞之奴隸券將授與外人者僅王一人耶抑別有數多之人耶吾同胞其諦聽其諦聽王之赴桂王之敢將吾同胞之性命財產注入于法國之奴隸冊中者固有一抱嗣毅之六字訣專製造奴隸券皺之政府在也蓋政府不命之來王之足跡焉敢踏入桂省一步政府不先賣廣州灣與法人王又何知桂省之亂可假法國兵以掃除之而為固寵持祿之地耶噫王不過一賣國之走狗耳吾同胞欲處其罪食其肉固易易也而此橫暴之政府其將何以處之官逼民反！官逼民反！界限何其狹耶眼光何其小耶吾欲吾同胞三復思之

●馬玉崑果有尾從征俄軍之說乎

自滿洲問題發現後列強之眼線群集于極東一隅虎視眈眈其欲逐逐磨牙擦掌爭乘時機風雲變化殆不可測瓜分豆剖接踵隨起危哉時乎而反觀立于主人翁之地者漠然罔覺鼾睡隆隆錦繡土地置之度外噫滿洲政府之自覺心其將逍遙于太虛幻境而斷送土地于外人乎雖然惡乎是吾讀東報吾知馬玉崑對日人有尾從征俄軍之說而萬朝報從而贊之曰是滿洲政府中尙有人也

征俄軍誰為之主動力乎則東隣之日本是也日本何以起征俄軍乎則近世國際間有一原則在即所謂勢力平均是也故甲國勢力擴張一分則必為乙國丙國等之不利而群起而干涉之抵抗之乎回視其擴張之地域為何國最有害耳夫日本與滿洲之利害關係較若英若德為尤甚而為滿洲之主人翁者立于俄人之肘下不足有抵抗之資格則日本又安得不起而作自衛之屏藩哉此近日喧傳日俄開戰之所由來而馬玉

崑之所以有尾從征俄軍之說也雖然馬玉崑雖有尾從征俄軍之說毋亦寄人籬下失主動之資格也歟然當滿洲問題緊急之時留東學生懼亡國之禍迫于眉睫雄心勃々組義勇隊以抗俄。而政府乃以爲革命軍電告沿江督撫使捕拿之殺戮之以媚俄人則滿政府之欲送滿洲與俄人也果甘之如飴毫無怨心者也馬玉崑之言得不爲滿政府所大忌乎或者曰、留學生乃漢人素謀爲不軌者也馬玉崑乃爲滿洲之奴隸者也則其疑忌果有區別也是或一說懸待公斷。

●那拉氏之借欵慶壽

那拉氏者一淫賤老嫗耳。在中國爲公敵在滿洲爲亡國妖孽其一身以外無長物。萬壽宮頤和園。其輝煌陸離者藉以自娛也借外欵增租稅。其朘削臠割我者亦藉以自娛也。此老嫗者惟自娛之是圖于借欵慶壽猶何吝。償外債剝吾民之脂膏于彼乎何有。

嗟乎吾同胞其諦聽！吾同胞其諦聽!!吾同胞亦知吾國之亡也在北狄入關之日滿洲之亡也在鴉片戰爭之役自辛丑後吾神州赤縣之舊壞銅駝荊棘故宮禾黍已三易主矣吾儕遺民已震于彼羶族之威甘于奴彼羶族又震于歐人之威甘于恭獻其產爲其馭奴之奴則吾儕遺民乃爲歐人間接之奴奴至不已必至求效犬馬勞而不可得歐人蓋將令此老嫗馭其無數蠢蠢羣奴于亞東大陸以坐享其租稅之利聽其殘殺困苦以自滅終不煩主人一動手足其謀之狡眞不可思議

在老嫗則以爲人生朝露再易幾寒暑已無此身矣及今不樂欲待何爲償欵割地自有人受其禍于我無礙

也且家奴倔強抵抗主人其端不可啓與其使錦繡江山失之家奴寧贈之吾友故不憚轉贈一切權利于列強爲之代馴此睡獅乞其餘以自活藉其威以自雄嗚呼此老嫗其黠慧哉

我不自愛人豈愛我我忘其爲我則人將侮我託家產于人望其善爲保持而愛護者未有不傾蕩我之家產者也自有我在我自理之可也何必謀之人

●俄國之滿洲順民

順民！順民!!順民者自願爲他人之馴奴之變稱也庚子一役八國聯軍破我首都尚未旬日而順民之旗已遍地皆是矣則又何怪乎今滿洲之一般人民莫不搖尾乞憐心悅誠服以求爲大俄國之順民哉蓋俄之擅據滿洲也時日久手段高且深知吾國人之性質而善能籠絡之懾服之故雖譬之爲狠如虎狠狡如妖狐猶不足以形容其善墟人國之眞相也嗚呼順民者馴奴也馴奴可爲孰不可爲人格之下愈趨愈賤矣然謂之賤矣乎則其所以賤之之果何由來乎

吾嘗推其因測其源別爲三焉曰生計之逼迫也政府之虐待也數百年之遺傳性也皆所以養成今日之現像者也不觀夫居住滿洲之一般順民自願服從于俄人鐵騎之下而爲其馴奴者乎吾讀東西各新聞紙而總括其說蓋有四（一）爲政府所派官吏之虐待（二）馬賊自爲大俄馬隊後民間稍不受其侵掠（三）俄之輸送軍隊增殖人民于滿洲則人口日加需物日增因而小本營生者爲之一振（四）俄人在滿洲之種種經營若建鐵道築營房需用勞動者日多而小民稍得其工金以活妻孥有此四因遂結此果雖前受俄人之殘殺恨之切

齒亦化爲泡影而不一記憶而祗貪目前之小利忘將來之大禍欣欣然爲大俄國之順民矣噫此非政府不保護之而及虐待之于前生計又迫之于後最腐敗最不齒于人類之遺傳性之固結于腦蒂者乎

嗚呼順民！順民!!豈僅北方一發現居住滿洲之民一降順而遂已哉吾恐他日列强聯袂而起按其勢力範圍地域圖瓜分吾四千餘年祖宗遺傳之宗土則順民！順民!!之聲將彌漫于十八行省矣何則吾前所云之三因乃吾全國人所通有之傳染病而同陷此朝不保夕之苦境者也西望祖國淚涔涔下愛國男兒其可不消禍于未然而拔此病根補以參苓者哉

所聞錄

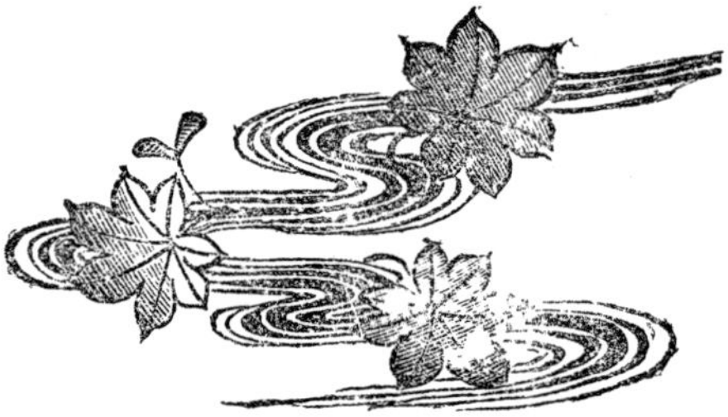

專件

爲杭紳高爾伊盜賣四府鑛產事敬告全浙紳民啓

啓者。前聞杭紳高子衡奏伊向義大利惠工公司貸欵五百萬。開辦浙東衢嚴温處四府之鑛。乃今閱本年八月十五日北洋官報。則謂其以鑛產抵作銀二百五十萬兩。再由義商出銀二百五十萬。爲購備機器造廠等用云云。又謂所有一切廠務。均歸義商主持。按官報所登。與高子衡所立寶昌公司章程。(注)(已登光緒二十八年十一月廿二廿三兩日中外日報中)及外務部復奏原摺不同。(已見光緒二十九年二月廿二日中外日報)因原章與復奏祗言『貸欵開鑛並未言及抵鑛』今据北洋官報。則高子衡實係先抵鑛而後貸欵。以北洋官報謂其以鑛抵作銀二百五十萬。再由義商備資二百五十萬。卽其明證也。至北洋官報謂寶昌公司因招股不易。始與義商訂立合同。改爲華洋合辦。則係風聞之誤。据寶昌所定章程及外部復奏。已言明向義大利惠工公司貸欵五百萬。且查該章程中。毫不言及招集華股之事。惟寶昌定章中第十一條。言明官地由公司備價承租。民地雖購買過戶執業。仍須照中國原定田則完納錢糧云云。又定章第十二條。言及地主不願領價願入股分者。卽按照原値給予股票云云。寶昌公司言及華股。祇有此條。且係附股而非正股。亦係以『實產易虛股而非實價』。据此以言。則高子衡直未預備招股借欵。以開浙東之鑛。不過私立一寶昌公司。與義商訂約。以貸欵二字。上朦政府之聽。以邀俞允。下盜四府之產。抵與外人。以爲自肥之計而已。夫高子衡不過一杭府屬之紳衿。本非四府之土著。又非全浙之人。舉彼爲領袖。烏得貿然以四府之官地民產。擅售與外人耶。既非四府紳民所委託。又不商諸全浙之紳商。擅盜公產。藉肥其私。而不顧民業之喪于外人。權利之失于外人。其大不合者一也。

瓜分中國之實行。發源于路鑛。有路而一省之險要失。有鑛而路必及之。而一省之內地險要產物。無不全失。今各省路鑛之設。失權利于外人者不知凡幾。惟有浙省一隅。尚未波及。前者義大利人雖有索浙東三門灣之舉。後卒未果。今高子衡又因抵鑛一事。而向義人借欵。豈非使義大利人乘此機會。深入內地。坐握利權。卽此而遂其素志耶。且有鑛必須有運道。有運道必須造鐵路。節節規取。浙省之寸土幾何。其足供外人之要求乎。且浙省門戶。全在浙東。衢嚴處三府。與江西安徽福建三省處處接壤。一旦因鑛造路。險要全失。外人有可進之途。浙省無可設之防。因高子衡賣一鑛而賣全省。是可忍。孰不可忍。此其大不合者二也。

高子衡旣以一人而擅售四府之鑛。事非公允。亦非衆願。且查原呈及復奏之期限。又甚迫促。祇限其十二月中。卽全行試辦。逾期則作罷論。意高子衡與義人立約以後。必急行辦理。中國內地。向未開通。人情少見多怪。外人猝至。勢必因疑生恐。因恐生謠。因謠生變。且外人初至。言語性情嗜好。處處不與中國人相洽。必致因事齟齬爭執。在外人以成約可恃。妄行其威權。在小民或惑溺于風水。或顧惜其產業。間必有抵抗爭執之事。而外人卽可藉口于我國保護之不周。自行派兵保護。兵力所到。占取隨之。是因高子衡一人私售鑛產之故。且將上貽政府長吏以外交之隱憂。而種坐亡全浙之大患。其大不合者三也。

浙鑛貸欵。雖係高子衡爾伊願少蘭樹德二人出名。然顧不過附庸主。其成者實惟高子衡。夫高子衡盜國產以肥家。而不顧全省之安危。其罪一。讓利權于外人。以亡全省。其罪二。圖私利而貽大患。其罪三。深望吾浙同胞。激發公憤。阻其成約。同謀保全利權之法。及今以圖。猶爲未晚。因浙鑛一事。高子衡雖已與義商訂立合同。且得邀政府之允。然義商沙鏢納亦非資本家。尙須回國招股。而義國之資本家。亦未必遽信其言。肯將貲本入股。必俟寶昌公司開辦有效。方肯入股。故乘此設法。尙可破壞其約。且河南山西各鑛合同簽字以後。言官奏參。亦將原約改正。『則是與外人訂約。在中國亦有可以改毀之例。』卽使義人据約固爭。以後亦當言可由浙人集貲開采。以浙省之鑛。歸浙人自辦。毋庸假借外人。則義人雖橫。亦無詞以强奪我民間公有之業而據爲已有也。昔日本當明治初年。國勢孱弱。外情未通。外人卽欲攘其路鑛之權。乃先由英國貸欵與日本政府代造由橫濱至東京鐵路。政府密與訂約。民間初不知也。及簽約後。士民大譁。以爲日本之路。何庸英人越俎代庖。一面力逼政府。與之毀約。一面自集資本。擇日興工。英人知不可侮。默然毀約而退。今吾浙人苟能仿日本之所爲。何患義人之强横。何患高顧之把持。况浙省爲吾浙人養子孫長田園之根本地。一旦失者。無家可歸。無祖宗墳墓可掃。吾浙人又何所立足乎。言念及此。淚下如糜。切望吾
鄉長諸君。出而主持其事。如有發抒其高見者。請先于十日內外作函致三馬路望平街中外日報館收下可也。謹啓。寓滬全浙同人公具

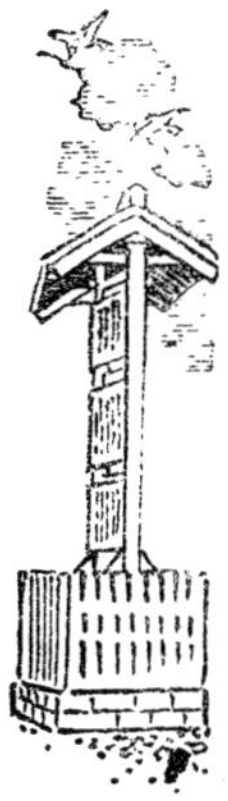

專件

雜錄

（三種）

（一）東報隨譯

（二）瑣談片片

（三）留學界記事

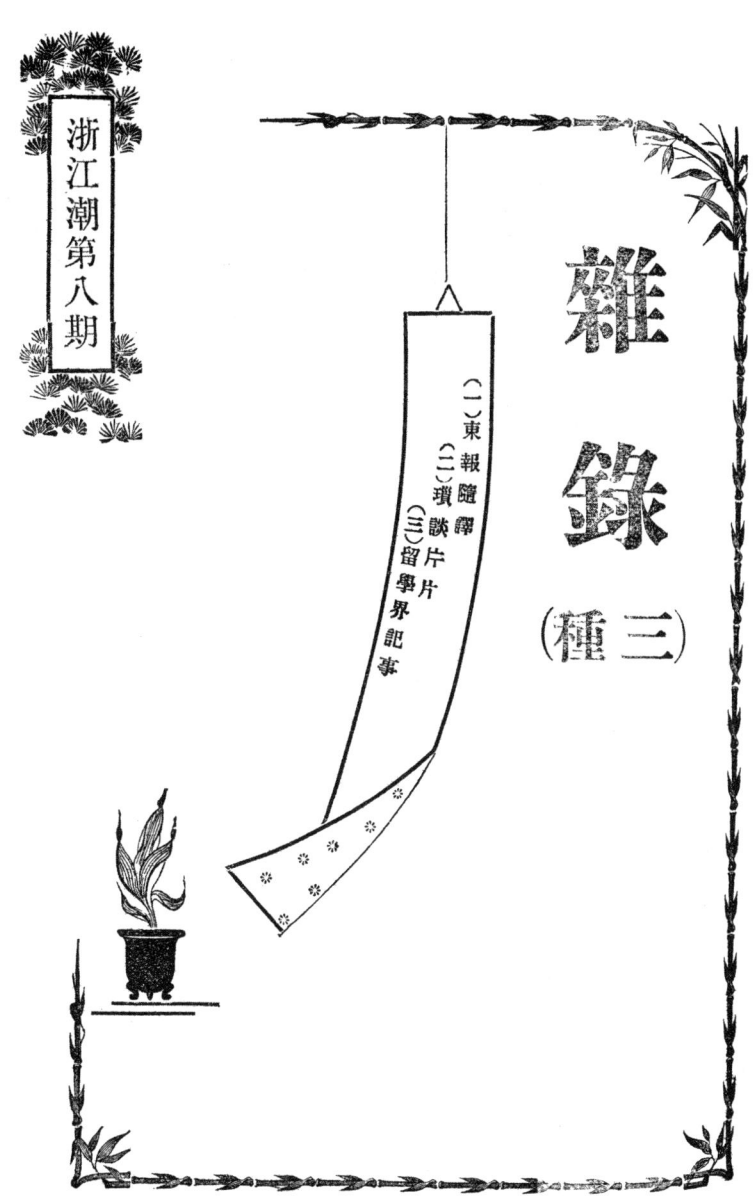

東報隨譯

支那人之國家思想

封建者小國家也國家者大封建也封建之領土有境界國家之領土亦有境界昔日本國內有六十餘之小國家今五大洲中有十數之大封建昔之小國家互嚴其境界而守其領土今之大封建互擴張其境域而增大其勢力然則國家思想者由封建制度而發達者也封建制度者知國界之導師也

吾聞之支那國民無國家思想有亦甚薄然哉然哉試一繙支那歷史彼國民之受支配于一統政治之下者非四千年乎書契以前之事吾不知自有歷史以來封建制度之痕跡僅能于周末時稍稍認之其後或三國、或南北朝、或五代皆似封建而實非者也故證其歷史屢受北方人種之蹂躪而不敢報其怨卒使文化蕩然腥羶遍地此蓋抱一孟子所謂『普天之下莫非王土率土之濱莫非王臣』之思想固結于腦中而不知世界之中有所謂國界種界者也更證其地理則支那之本部一片平原茫茫萬里國民之誤想以爲中華即天下也四夷即劣等人也又不知世界之中有所謂國界種界者也故支那之乏國家思想者根之于地理歷史者也。

雜錄

今日之逞雄于西歐者。若英、若法、若德、若俄。何一非由封建而進者乎彼等國家思想之發達且强烈者。决非偶然也嗚呼。風潮亟矣大勢緊矣國民而無國家思想者斷不足以立于競爭之世界是則有國家思想其要矣欲有國家思想則對于統治者之觀念不可不一變

支那人之對于統治者之觀念甚單純也彼等以爲統治者天命之所歸也革命之起以爲天運之轉移也外種人來吾主之蠻獠來吾主之犬羊來吾主之此滿洲之所以入主中夏二百六十年而終未聞有一人起而復讎光復舊物者歟簞食壺漿以迎王師今則復見于庚子之役矣嗚呼支那危矣危矣。

●支那歷史上之外交觀

『昔者大王居邠狄人侵之事之以皮幣不得免焉事之以珠玉不得免焉乃屬其耆老而告之曰狄人之所欲者吾土地也吾聞之也君子不以其所以養人者害人二三子何患乎無君我將去之去邠踰梁山邑于岐山之下居焉』此孟軻對滕文公之言亦其處置國際的壓迫之方法也噫觀于此支那二十二史之外交政策之鍵可以探得矣

漢高被圍于白登七日不得食乃賂單于之閼氏得解之賄賂者支那歷代外交政略之生命退讓者支那歷代對外敵之唯一手段也王昭君之外嫁于單于石敬塘之賂幽燕十六州于契丹趙宋三百年唯知賂外敵以保安寧詩人所謂『金繒社稷和戎日花石君臣棄國秋』者决非偶然事也噫不以其所以養人者害人二三子何患乎無君云者宋襄公之仁也支那歷代外交之失敗不亦宜乎

推其因。蓋支那有大的種族而無大的國民故也。其所以無大的國民者。乏國民的鍛鍊故也。夫國民的鍛鍊者。對于外而生者也。進一步而言之。則由抵抗外力而生者也。凡國民對于國民相互之間必生同胞的自覺心。對于國家必生愛國心。生國民的自信力。而反觀夫支那人。則實有不能不奇者在焉。抵抗外力之効果。不特能國民一致。人人愛國。各個人皆足以代表國家的勢力已也。更能强大。更能堅實。更能進步。讀希臘波斯之戰爭史。可以知矣。波斯王澤耳士以百萬兵士。一千二百艘戰艦。三千艘運送船來攻希臘。舉其全力以粉碎半島。實綽々有餘裕也。然沙剌密斯海戰。雅典僅以戰艦二百艘而獲大捷。此希臘國民之一大鍛鍊也。向使希臘从孟軻之策。則希臘文明。其不陷于波斯軍士之士足者幾希。故國民遇有鍛鍊之機會。不逃避也。歡迎之也。不恐懼也。利用之也。即祖述退讓論之孟軻。亦有『無敵國外患者國恒亡』之言。誠以外力之來。雖欲不拒不可得也。

●滿洲俄軍之實況

俄國于滿洲之兵力。其第一軍團步兵二萬。哥薩克四千。野戰砲兵一聯隊。第二軍團。約其半。此外烏港、尼古拉維斯等處。駐營兵八千。共計四萬五千人。大砲五十四門。其戰時應加入西伯利之四個豫備聯隊。約有萬人。總計得五萬五千人。至沿滿洲鐵道線路。又有八個聯隊。合哈爾賓各地兵員有步兵二萬四千。哥薩克四千。野戰砲兵二個聯隊。共計萬一千人。大砲四十二門。此外又有在旅順烏港之要塞砲兵。雖不能知其數。然總合以上所載。共有十萬三千人。大砲九十六門。據俄國陸軍大臣云。對日本第一次開戰兵數。尚覺不足。蓋

雜錄

當減去傷寒者約萬五千人。痘瘡約萬八千人。又鐵道守備兵三萬五千。則留者僅五萬人。苟俄國欲作戰鬥準備須增十萬之兵。故旅順會議之後直于歐俄當第二十一、三十五步兵旅團各半分駐極東。又野戰砲兵聯隊。亦限二十日內相繼出發。看！看!! 自今以往大軍踵至極東活劇舞幕將開吾拭目俟之秣馬待之。

●清廷之拒絕

俄國之新提案。又拒絕于清廷。事固宜然。然今之提案與四月中之提案相較。則此次猶為巧妙而足見清廷之迷于取捨者也。觀其提案其措辭之巧含毒之深使清廷之當局者雖三思而猶不能見其底蘊也。況當日本政府之抗議乎。窃察清廷之內情。於滿洲還付期限經過之後悟于俄國之橫暴宜必大起其敵愾之心。蓋俄國之視滿洲為囊中物而不肯行還付條約之事實也已非朝夕矣。清國身居主位宜即破毀俄清私立之種種條約以報復之。不啻命牛莊奉天吉林等處撤兵謂可了事也。且更可短旅順大連之租借年限。更可收回東清鐵道線之支配。奈何低首俛俔不敢稍動。而又不得不假他國之力以謀自保。嗚呼。覩于今日之清廷與往時之土耳其殆同一轍也。

●旁觀者言

滿洲奪於俄國。朝鮮不能自守。如是而清國獨能保其安全乎。雖五尺童子猶且知其不能也。堂堂大國自稱華夏。而未之知也歟。抑明知其亡而苟且偷安也歟。吾觀清人今日之態度。頗有疑者在焉。

滿人入而據漢者二百餘年。歷世君相之經營。不可謂不竭力。奈何逢俄人之侵入遭俄人之蹂躪。而不敢稍抗。今日割一城。明日割一城。遂至將擧乃祖根據之地。而一旦付之他人。噫何其衰也。憶昔咸豐帝避英法之寇。出奔熱河。二國使臣胥議將廢滿室。獨俄國不允。盡力保護。清賴以全。甲午乙未之役。遼東已折入于我日本。俄國乃與法德聯盟合議。勸我還之。於清嚮令前微俄國則清社既墟。後微俄國則清境既削。未可知也。滿清蒙俄之恩澤既如是其大。則今日俄人之强梁跋扈。亦其宜矣。況俄人本爲貪婪無厭者哉。清國不幸而與之接壤。朝夕往來。熟悉情勢。可乘則乘。可退則退。可和則和。可戰則戰。可予則予。可取則取。可急則急。可緩則緩。神出鬼沒。千變萬化。無方不嚮。無嚮不成。以清之弱。而敵俄之强。其勝敗之數。固不待智者而後知也。若夫漢人則尤不幸也。屈伏于滿政府者。既二百餘年。今滿洲一失。十八省之土地。將盡爲白種人之版圖矣。瓜分豆剖。靡有底止。而其禍皆漢人受之。不亦尤可悲哉。

國難驅人出家傾待子歸可能磨墨盾其奈冷斑衣

金革三年淚冰霜寸草暉髮膚雖不毀猶恨故園非

駭浪扁舟輕似葉

重圍迅馬跳如丸

創深已信傷弓數

痛定應愁捲土難

雜雜

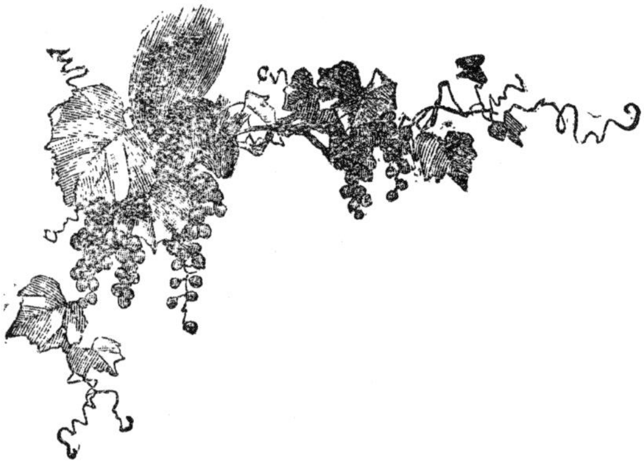

瑣談片片

最矮小之婦人　密衣俾女皇世界最矮小之婦人也體高僅三呎一吋重祇五十磅生于一八六三年現死于美國之紐瑞耳西。

歐洲人之壽命　比較歐洲各國人之壽命瑞典瑙威人占第一平均有五十歲次之則英國人平均四十五歲又四分之一又次之法國人四十四歲半普魯西人卅九歲最短者爲奧國人與西班牙人平均僅三十三歲。

一人生之價値　據美國之某新聞云人之年齡苟達五十分析之則眠睡六千日勞働六千五百日步三百日費于快樂四千日食千五百日病五百日更算其食物之分量則麪包七万九千磅肉一万六千磅菜蔬鷄卵魚類等四千磅其飲量則合水珈琲麥酒等類共七千加侖蓋總計其飲料有如深三呎廣三百呎之湖水云。

太陽熱之利用　美國南部之諸地方凡家用之沸湯皆利用太陽之熱近來普及甚廣其方法用鋼製之桶形似汽罐塗黑而置諸屋頂以曝太陽之熱越一時則空氣之溫度增華氏之三十度或至六十度得沸湯

之供給甚便云。

永久不滅之光熱　美國俄古市之發明家麥哥蘭氏。新發見永久不滅之光熱。其光力可抵三十六枝之燭光。氏於四年來試驗寫眞用化合藥品之時。無意中發見此光熱先時頗秘密固封於玻璃器中。而增大其光力光度氏自言若不破壞其器。其光明決無消滅之理乃設立一會社專造各種之光明器光怪陸離。不可言狀。有某雜誌嘗揄揚之曰。世界中若不用光明之時則氏之專賣特許權。始見無効其永久不滅之理。可想見矣。

鷄之體量及產卵　母鷄一四一年間。苟食較體量多十六倍之飼料。能產較體量多六倍之卵而卵之價値。比飼料多六倍。

維多利亞之逸事　英國故維多利亞女皇。一日中手寫書翰。平均有三十或四十封。猶不足倩其一最寵愛之侍臣諾利孃代書之。一日必有一百封。合手寫者計有一百數十封。凡此皆個人上之通問也。至其所用信紙甚粗疏。帶黃色。蓋好儉朴者。女皇之特質也。

X線之療治白髮　米國伊及那地方某醫師能以X光線。使白髮復爲原色。蓋某於用X線醫治頭痛時所偶然發明者也。

判別罪人新法　俄人伽咯布氏。發明一判別罪人新法。其說以爲犯殺人罪。及盜賊罪者。其眼色。必帶茶褐色。佻達者。其眼帶水色。正直者。爲紺色。然依其法以判斷罪人能無誤與否。尙不能深信。

德國警察與犬之使用　德國警察署以葡蘭司巴地方之試驗結果。各警察署皆使用犬。犬能於運搬貨物時。不論外界妨害如何。皆能抵抗之。蓋以犬能守使用者之命令。較人爲優故也。

五千年前之國語字典　德國有名埃及學家歐爾曼氏。於伯林大學中所編纂之古代埃及語字典。殆將脫稿。其編纂費係德皇所寄贈。而其內容有二十八萬語之多。

世界唯一之大龜　美國紐順西海岸捕獲一未曾有之大龜。重千八十七磅。甲長十呎三吋。幅員六呎七吋。其背得站立十二人。更能自由舞蹈。可謂唯一之大龜矣。

剃刀之胃病療治法　美國恭納可伽州有一紳士。身罹胃病。殆已絕望。一日即以剃刀自切其喉。家人驚見之。即送之病院。幸無死憂。然須經三月之久。始能全愈。其間一切固形食物。皆併斥不食。傷痕既愈。胃病亦因而愈矣。

世界鐵道之里數　昨年年終調查世界所有鐵道。已達五十三萬二千五百哩。其中美國二十萬二千四百七十一哩。歐羅巴十八萬七百八哩。亞細亞四萬千八百十哩。阿非利加一萬四千百八十七哩。其餘尚有英國延長里數九萬千四百八十五哩。德國三萬二千七百五十三哩。俄國三萬千九百四十五哩。美國當德俄兩國之六倍。此據昨年所調查數也。

海上博覽會　英國將以百間餘大之商船。搭載代表者及事務員。幷滿載英國工藝品。航行各國。於明年出發。開海上博覽會。以獎勵工商云。

瑣談片片

雜錄

半猫半熊之動物　美國桑港動物園中有一奇妙動物。半猫半熊。係由印度所輸入者。不知其屬于何類。

小孩之睡眠時間　據法國新聞所記。若不與四歲小孩睡眠十二之時。九歲小孩十小時。十二歲十四歲之小孩八小時。則大有害礙于小孩健康上云。

自動醫生　近來比利士國於市街要處。設立一自動的器械。名曰『各人之醫生』。若行人於途中偶罹急病。只須將金貨一錢。投入機械小穴。立得受診。若頭痛腹痛齒痛腰痛風邪等症。均能得適當之處方書云。

珍奇之鹽湖　西伯利亞阿比陀司附近。有一湖。悉蔽以鹽之結晶体。實爲世界第一不思議之鹽湖。其長約九哩。闊十七哩。其初不過於湖之周圍微發鹽水蒸氣。今則滿面皆鹽之結晶。且日有增加之勢焉。

玻璃製之花草標本　美國哈吧陀大學博物館中。藏有數百之玻璃製花草標本。雖極微之點。雖不與生花相似。造化之妙。莫此爲甚矣。詢其製者。則爲德國一枝藝家父子所作也。其法至今尚秘而不傳云。

一日二回日沒之村落　英國司脫朧阿特地方之一小村。名曰喇喨。其西有山。夕陽一去。全村暗黑。戶戶皆燈。然非眞夜也。經一小時。則太陽貫山裂處。滿照全村。無須燈火。於是經二十分鐘後。始入眞夜云。

世界最大之會堂　美國僧侶有名約翰特一司者。欲於米西加河畔。建設一極大會堂。其所募捐款。已遇大半。故其所計畫之會堂。縱三百三十九英尺。橫三百四十英尺。足容一萬六千人。建築費須三百萬圓之多。可謂世界最大之會堂矣。

留學界記事

記吾浙同鄉特別會

陰歷八月十三日上午吾浙開同鄉特別會于上野三宜亭凡寓東京橫濱之同鄉者咸至焉及時先由幹事報告開會原因並請公議辦法次會員相繼演說略云高爾伊以個人資格盜賣吾浙礦產兼爲意人作招牌致吾全浙之人于死地而已則分一杯羹以自肥妄行逆設爲罪孰甚此事結果尙忍言乎遂各陳方法互相研究至十一時經衆可決其方法之最普通者有二(其餘特別者不宣)(一)致書紳士請責問高某令其廢約並另籌善策收回利權(二)揭告日報聲高某盜賣之罪明吾輩不認之意其日報之告白茲不贅至上紳士書以鄭重故本誌特立警告一門而以此實之越數日又上一書于紳士附錄于左

敬啓者前因鑛事略陳菲見亮祗左右今欲再瀆下懷冀塵淸聽可乎八月杪鄉音驛絡僉謂高某之陷阱果成勢必激成巨變群怨矢集百喙雷沸而子恆又膠執已見未克引嫌自退他日禍之橫決或大或小孰勝孰負未忍預言要之均我浙人受之而已夫以目前論之在子恒可得巨萬之利在浙人未形尺寸之害且華洋合股若銀行若路卝習慣不爲駭聞某等曉曉不已幾似妖鳥然試一披覽東西各國史自印度公司埃及尼羅河股票外使再有以己國資本不足而准外人設立商會或招外人合股可援

雜錄

爲比例者某等言之洵狂且也浮議也不然則亦續印埃之慘夢已矣思我國今日海權既喪寖逼腹地庚子以還要害盡撤何有於卝東三省蒙古西藏金卝次第落於外人之手何有於浙雖然謂此後竟以亡國自分絕無幾希之餘望乎然則某等雖身羈海外亦何顏以處人間社會也往者不追來者可諫諸先達於今日挽一寸之利權即爲國家延一日福祚一轉移間耳十九世紀中曰金屬開明曰鐵世界英格蘭之鐵墨西哥之銀竟充全世界之用婦孺知之然據近時調查美利堅礦物產富甲全球若鐵於西歷二千年推世界第一若煤於二千零一年推世界第一若石油又號巨擘焉世稱美利堅之富雖有巧智勿能計算若我國卝脈宏厚安知他日不一躍而居其上國力之强可預決也然使盡如子恒所爲亦等於南非之角壋拉尼之金灣南墺西多尼之金山徒爲覆亡之煤孽已矣能自採取固富强之基贈之他族即覆亡之基一彼一此兩言可決固在諸先達洞鑒中也浙卝據光緒廿三年雖令調查後報告金金嚴處一帶爲煤鐵卝脈之中心點今乃以個人私利而舉全浙菁華抵押於意不問其爲國有齊私有齊悉意毀賣上罔政府下毒民生他日意人索鐵路索駐兵事變接踵靡可補救雖彼碎骨灰身亦難贖罪萬一某等與子恒非有纖芥之夙嫌而子恒亦非等之魑魅魍魎以食人爲快樂第俟其自悟恐變態曲生事已無及伏願諸先達請之中丞速撤高顧二人路卝局襄辦之權再圖善策以保全浙人命脈即以保全子恒之身家今澗南山西已更正前約挽回利權豈浙人而竟不彼若諸先達爲之必有重一言於九鼎廻飆風于寒谷者不勝急迫待命之至

小說

愛之花（續第七期）

儂更有情

第三回　幻夢空花談哲理　冷風熱血葬情魔

時余僅聞美少年。昂首說道。唉滿院的靈性動物。竟爲此淺薄皮相所愚弄。要之千年後之世界爲黑闇世界。非光明世界。爲魔鬼世界。非人道世界。據今日之進步豫測。爲片輪文明。依今日人類社會觀察。非自然發達。凡天演公理。物質的文明日進步。精神的文明必日退步。理化學上之發明愈深。則社會之組織全變成機械的世界的表面漸漸華麗。則人類高尚性格漸漸墜落。勢利重於道德。戀愛蔽盡聰明。那時候旣無倫理盡廢法律要曉得文明作用。如食河豚。食得好時果爲嘉肴。食得不好就送性命。然觀今日大勢。厥分兩途。世界人類有因文明而演出戀愛勢利之罪案者。惟在西方。作僞者爲政黨學士。有謀文明而陷於戀愛勢利之罪案者。惟在東方作偁者爲黨人義士不過西方之弊持滿而驕東方之弊實在不可救呢我看只些自稱自贊的大英雄大豪傑大國民果然負着旋轉乾坤之重擔何如初發萌芽便不自愛反覺借此營生日日毛荀皮包着臉鬼鬼祟祟口是心非利令智昏心爲欲蔽後來竟以貪財好色習慣爲常有利於我無論什麼事不妨姑且爲之只要秘密些口中格外公道些便罷了到得後來投井下石口蜜腹刃一旦敗露賊做大凶上前再高尚一等的少年自命豪放不覊口裏罵罵就算破壞夢裏做做就算成功如若肯請他吃臺花酒賞他十數枚番餅他殺盜賊的賫力也收入鞘了爲公共驅除蟊賊之口也封了儞就是男盜女娼他也把儞蓋得乾乾淨淨稱儞是文明人爲救世主他罵功名奴隸他罵人道墜落不過是沒飯吃恨人家搶冷粥頂大的本領總算抄襲幾句文字走起路來挺挺胸遇着外國人便覺得自思自想道他看我只付神氣一定曉得我是革命家不是奴隸可憐可憐蚤虱藏了頭忘恰尾子厚臉皮實在比頑固黨守舊黨齷齪萬倍呢只是閒話總之物質文明之進步日甚一日則離世界滅種之問題不遠凡電氣機械之試用普通全球則人類形體上之勞動

迨將絕盡一切物類可不藉人力以生產富者愈富貧者愈貧飽暖思淫慾饑寒起盜心初則體育之結果漸漸惡劣奇病異疾百出人間衆生覺盡爲人之義務有無量苦惱於是藉科學工藝之應用復造出人生種種快樂幸福華燈璀璨雖夜若晝人之知覺無一刻不與靈敏之電氣濃郁之薌澤微妙之音樂鬬飽受劇烈之激刺神經相逐無片休暇豫算達此程度則人壽二十五歲必盡消耗其能力以死噫十年後之世界僅見斜陽衰草纍纍荒邱與敦劇園或者爲葬勢利戀愛鬼之一支部誰復將以一卮冷酒爲今日之美景良辰開一追悼會耶雖然吾言或陟于笑罵或陟於厭世惟平心而論爲人必盡爲人之義務畫蛇添足刻舟求劍何庸人自擾乃爾幻儂幻儂余獨何心任人譏刺且聽他口口聲聲說勢利戀愛不好何以自家也裝着濶綽樣子偕着妖艷婦女來只俗人叢中明明與余爲難思及此不覺一把無明火從丹田下透起直奔少年席前怒叱曰足下有何權力而以箇人之臆度敗公共之快樂少年冷然曰我有我言論自由權君何得闖入人席而侵人權利余憤甚自覺倉卒曰吾爲驅『愛』之敵少年曰此地豈君之戰塲耶君須驅『愛』之敵則今

小說

日世界盡爲貴國『愛』之公敵君固有之愛應分之愛而尙不解何顏面坐此席而反言爲『愛』驅敵至此余覺怒至血管張裂直伸手指少年曰。狂奴爾堂堂大國民何忽效島國性根之齷動牽制國際問題余果不德余不得爲全國之代表足下雖有權勢亦不能代表全國民而來罵人少年忽嗤以鼻曰好明白人何乃痴迷若是而溺愛一異種妖姬余不待其言竟狂吼曰誰敢侵乃公自由權。時則劇園數萬觀客注目相向。管園警察亦均起視。少年默默漸曰毋用武。用武請至決鬬塲與君一決雌雄。余驟答曰甚善。速往。少年曰勿躁。天下無不知姓名之敵人君曾携有名刺乎。余睨視。怒探名刺擲付曰。請看。少年接名刺笑曰久仰久仰唉如此好男兒甘爲異種妖姬死可惜可惜余聞言嚇然曰。安知我決鬬必負是時少年亦取名刺贈余。咄嗟電光所烘眼簾所接。驚人驚人。華美之名刺上大書。

巴黎理科大學校講師
理學博士　**杜聖培**

呀。有眼不識泰山。杜聖倍竟是此公。時余忽如暈。足幾如登雲。冷水忽澆背。然非余崇拜博士而至此。惟素仰杜聖倍爲今世倍根。斯賓塞。杜之爲人氣骨稜々。幼有神童之號。弱冠即尙俠好游。性烈如獅虎。以善鬬名于巴黎。長擊手槍能于百步外中燕鵠之目今年二十八。唉。幻儂今日與聖培鬬。是余圓覺之日矣。再一思男子漢大丈夫死要死得暢快殺身便殺得灑落。然終覺于生死關頭不能坦然。遙望舞台舜華婷婷嬝嬝冠如雲裙如波往來飄忽。吁卿乎余與卿咫尺千里。卿知余將爲情死乎。瞥眼電燈流螢飛舞。余雖凝坐覺支體節節轉冷。胡思亂想生平宿事均來朝聚神一思覺死于敵人之手終勝死無敵人之手。忽博士問余之聲直接耳膜曰。決鬬究擇何器。余姑矯言曰手槍。博士曰憨人偏擇爾不利益者何爲。然則鎗鬬可。惟君保證人誰。阿原來決鬬爲法蘭西古蠻俗所存。離奥敦戲園十里。即有極大之樓骨塚。備爲決鬬場。然非有保證人。不得許可。本國人與外國人鬬。尤干憲法。此一問竟喚醒余之昏夢。余在法蘭西。不過一飄零孤客。同僚雖不乏人。可歎狐群狗類。如有升官發財事倩伊作一見證。卻如喚狗吃矢。諾大犯法事。見之且遁而況要之來。思之再。呀。只多情仗義的舜華。非余同命鴛鴦麼。盍一倩作保證人。勝也爲卿吐氣。敗也爲卿情死遂以舜華答博士笑曰能千金慨諾乎余曰試問我爲我作保證我不見允乎博士微笑更要博士以偕來艷婦爲問博士曰君盍詢之然余屢瞰此艷婦雖與博士作並蒂花不若舜華雖歌舞登場一掬秋波尙時時遙望余遲遲以作保證人問艷婦驟答曰儂弱女子而無膽且爲決鬬作保證人干國法也余脫口笑曰好一付同心結杜君果何取而與七面鳥結不解緣博士默然此艷婦色似無關係于生死而反怒徐徐博士曰君既以愛人作保證而吾亦誓要偕來人勿慮時余心頗詫艷婦之前恭後倨轉念萬事皆灰惟有舜華尙滿身包含愛水許久演劇已闌舜華姍姍來急倚肩而握余手驚呼曰何冷余覺淚珠飛濺抽抑曰卿願爲余塡愛塚華舜忽身戰曰何事余曰愛卿余爲卿死矣舜華急曰何事余曰杜聖培謗卿余將與之決鬬舜華抛淚曰理學博士乎余曰然舜華曰約可毀矣余曰已成舜華蹬足仰天曰願以一鎗擊斃我勿損我愛人也余亦緊握其手曰勿須勿須願卿爲我作一保證人可矣舜華曰愛人何出此言妾是當效死丁斯時也園中客盡散華麗電燈盡息博士催余行且急舜華慰余曰未必君輸行便行耳愛人速偕杜聖培往

妾不可無豫備追踵來耳余熱血一湧恍有神鬼挾余出園門仰視惘然一輪孤月覺包含世界無限淒慘歸車轔轔飛影如箭吁死期瞬息神昏不健行嗟嗟杜鵑叫黑三更月怨恨絲絲穿淚珠四大無常五蘊皆空一句鐘後誰生誰死

委鬼當頭坐茄花滿地紅趙嬈曹節竟私通千歲太太配
公公月華門前車鬮風涿州道上馬游龍內操撻鼓鳴刀
弓犴狴流血朝班空祠堂昭德兼崇功乾兒義子多如虫
讀史至此惟三歎殆哉岌岌將作難滿朝彈章君不見中
宮獨看趙高傳

小說

返魂香

喋血生

西班牙自羅拿破崙鐵鞭一擊。民凋財竭。生氣奄如。至一千八百九十八年。美西戰爭之風雲起。共和黨。無政府黨之內訌。即踵布哇菲律賓之外患以起。群情鼎沸。苞桑難卜。加之董克崙派。求謀恢復正統王位。如幕燕。是時約芬十三世。僅十二齡之稚子。毒蛇猛虎。時瞰其室。太后瑪麗雅。爲墺王族。叢脞艱難。代攝穉政。無何禍祟大作。喧傳王羅離魂病。咄咄。孰知其中大有曲折存焉者。返魂香一篇。是寫醫王九死一生之歷史也。咄咄奇事。諦聽諦聽。

曩年歐美新聞。喧傳西班牙王約芬十三世。是閱兵歸。驟罹奇症。不省人事。太后驚痛欲絕。日夜侍湯藥。王師傅奧維亞僧正。與宰相格湯及御醫二人。亦不離左右。惟以勢危故。問疾者多不許入覲。韶華駒走。惡事逼人。勿藥之喜。終無日卜。時余適居駐劄西班牙法國公使之任。滿旅京城馬德里士。余爲公使時。頗與約芬十三世雅愛。惟既挂冠。入覲亦非易事。奈何群情洶洶。恐大關係於國際問題。不敢嫌唐突。進謁太后以覲王。請不料竟遭擯謝。怏怏歸。余忽憨性大發。誓百折不違成此事。終夜沈思。竟得計。拂曉徑往電信局。發一電與巴黎玩品商店。命取最新奇之玩物。乘急行火車來馬德里士四日乃至。其玩物為阿非利加騎士偶形。機關旋轉。躍躍欲生。雕刻裝飾精巧絕倫。全世界竟莫與之匹。余持玩物急趨王宮求謁太后至再。兼以百金賂閽人。始強許再持余名刺入。未幾乃來傳余云太后以別宮賜見。

時則見太后于憂患痛苦中。仍不失墺王族遺傳之傲氣。驟操法蘭西語曰。閣下以何事見教。余以西班牙語答曰。深念陛下貴恙。太后冷然。默坐良久。而形容頗似嫌余。余愈疑此事關係于國際問題甚重。惟既不能久留。亦不難持全國勢力相要。以偵出此事。乃出玩物呈太后前曰。願以不忝之議。卜陛下歡心。

太后不答。神若癡。顏如潮。一掬傷心淚。忽飛濺於最莊嚴華麗之殿前。咄。何事。閟葫蘆竟難猜測。余急甚。乃倉皇問於太后。太后顧左右以最凘裂最哀痛之聲告余曰。實不敢欺閣下。然亦不能不秘此事。閣下幸毋傳播。此事關係于西班牙血統甚重此時余已躁極。接問曰。何事。何事。豈陛下已蒙不諱耶。太后拭淚答曰。總之閣下所贈珍品。吾兒已不能授。吾兒被董克崙派竊去幾一週。言竟仰天狂哭。至此余臆測太后之疑團驟然氷釋。而欲作偵探之心大濃。乃止太后曰。勿喧。果陛下遭董克崙派之毒手乎。臣雖客卿。不難爲貴國效力。

太后曰誠然。復命余坐詳告竊王之歷史。是喧傳幼王罹病之前二日。京都馬德利士。行大閱之典。太后將與陛下蒞至。晨起忽由柏謨普訥遞來一急電。略云董克崙黨將來陛下巡幸以謀弒。願明察。惟不署發電人姓名。柏漠普訥爲是黨根據地。約芬十二世崩。思乘間奪王位。未幾太后腹中一塊血。呱呱墜地。是爲約芬十三。而篡位之事竟成泡影。惟近年則僭竊之禍又大作。太后既得密電。倉皇無措。主謀以陛下藏宮中。與皇姨偕往。盡大閱之議典。惟如獅如虎精神活潑之幼王。煩惱大作。太后以鉛製軍隊偶形賺之。乃行。隔一句。鐘忽然一輛華麗馬車向王宮前停止。陸軍大將愛弼商偕二指揮官持太后勅令告司閽。直引入御書房。陛下方上課。師傅接勅令讀之。略曰。請陛下速臨至。以盡大閱之議典。因軍士要求陛下至甚急。否則恐遭兵變。蓋西班牙之政體。軍士有最大特權。容有蔕芥。驟與兵變。時幼王聞諭。狂喜作獅子舞。不待師傅裁判。急欲行。愛弼商起辭。幼王止之曰。稍待偕行甚佳。愛弼商復請曰。陛下盍遣禁衛兵護行。幼王搖手曰。迂迂。朕不如携此鉛製軍隊往。頗慰寂寥也遂忽忽行。

薄暮返駕而石破大驚之怪事起是時禁衛兵先至通信命迎駕咄師傅出僅見太后不見王太后歸僅見師傅不見愛子太后懸念愛子急問曰幼王何不出師傅驚訝陛下急問曰陛下何不歸咄咄誰知陛下並未臨幸閱兵陛下已被竊

太后皇急自幾如芒刺問師傅曰陛下究何往師傅以奉太后勅令臨幸閱兵對問誰持勅令來以愛弼商對太后連聲曰啐愛弼商禁衛兵並未離朕左右師傅狼狽已甚呆立若木鷄太后急問曰司閽何人速傳至未幾衛士至答即司閽者太后問曰見陛下往乎答曰見一衛士欲言不語太后曰何言衛士曰陛下曾冒疾早太后一勾鐘歸也空車與將士去時亦均親見之太后曰果然答曰無誑言也惟陛下憑式而臥勢甚委頓者咄咄怪事定師傅有謀爲不軌之舉動也不然豈深宮中別有桃源而可以藏匿陛下歟是何離奇之甚也

太后方寸既亂不得已召宰相格湯商之遂將計就計託王疾以隻手掩天下目他方則懸賞以大索國門忽忽四日而竟毫無動靜

言未竟。忽一衛士喘汗至。手持急電上太后。折閱。太后未竟讀而顏色已若死灰。余問曰。可以賜客臣一讀否。太后擲付余。忽啓眉山之愁鎖。長吁曰。吾兒猶在人間耶。然謀之一大難事。余接讀來電畧曰。

乃公開爾輩以金作贖刑之例。如能出白鏹二百萬兼下赦竊王之罪令。則小醜即可擲還。如盡諸可普載各種報章。以證信贖身銀即存于西班牙銀行。俟乃公自由來取。則見證信之日。即小醜還爾之日。否則三日內即以約芬十三之血肉來充爾宮中之鮮菓汁

某月某日　黑魔王諭

落信地與前同。余翻閱再三。不禁狂喜。連連拍手曰。得之矣得之矣。太后若甚驚訝。余急慰之曰。勿疑勿疑。限臣以三日得宮中指揮全權。必獲戎首而保陛下重登大寶。否則請以白鏹二百萬。出臣私囊。以易陛下歸。不遲也。太后唏噓曰。聽之。余喜甚。遂辭太后出。哈哈西班牙全國勢力。竟不及余一客卿。余聞竊王之歷史。事事印腦不免變。余法蘭西人。神龍不可捉摸之外交手段。而爲偵探家。乃易裝顏其名刺爲倫敦醫學博士蒲蘭温。明日乃託英政府特派之名。而爲王治疾。司閽入告。即引余

至師傅室。不料忽換影移形。而與維妄僧正竟不識余。咄鈍。師傅徒哺餟耳。余問以陛下病狀若口噤手戰。吃吃不能道一字。舉止倉皇無度。吁蠢奴。余初見時尚以與維亞爲一狡獪鼠子。今則所謂賊膽心虛狐尾畢露。驟聞皮靴踢韃聲衛士引一英醫士過庭余正心悸師傅忽曰此君同輩盍呼一相談乎咄蠢奴幾敗乃公事余忍氣答之曰毋須然彼爲誰治疾來師傅曰王庖人郭懋士耳余慢應之惟思太后眞不辨瓊珷而信用此朽師傅恐今日以國王贈人不足明日且以太后贈人矣然旣無可敷衍乃命之請宰相至畧擬密計

明日乃有驗病通宮之詔。余亦列醫士行。屆時宮人紛至。余即察言觀色。驗畢。再考察各居室之合宜於衛生與否。循序考驗。亦覺無大害。次乃經過一室。覺稍暗。是庖人郭懋士寢室也。徑入。郭懋士見余即從榻上起。形容甚匆遽。余詢曰爾未驗病乎。答曰病莫能興。待驗耳。余爲之證脈觀其神彩。似甚狂亂。並無疾病者。瞥眼見其傍更有一室。扉未啓。覺窸窣有聲。咄嗟陛下在其中矣咄嗟陛下在其中矣余曰空氣甚惡盍啓而扉也言至此惟見郭懋士墨灰之顏色驟轉爲青紫强答曰開便開耳

余起而極力一押咄驚人陛下陛下爾在茲乎噫啐豈知乃一與陛下年齡相當之小兒席地而坐並不見有陛下也怪哉胡爲乎然郭懋士必形迹可疑者急呼曰捕聲未竟忽聞一片喧傳衛士亂呼師傅盜陛下師傅盜陛下陛下在矣陛下在于師傅寢室地板下

噫狡獪鼠子師傅果盜皇乎。余乃奔往。惟見顏色憔悴滿面塵灰之幼王。緊抱太后。且泣且訴曰。阿娘誑兒往閱兵。車中食兒以眩暈之糖餌。囚兒於庖人之宅。兒欲聲張。郭懋士即嚇兒以殺人者在門外。今日忽又云殺兒者入室矣。塞兒於地窖中。兒初入悶幾死。後覺曲折可通。兒恐迷途。擇直者行。途窮急呼侍者。起兒不料即兒讀書處也。兒甚苦。阿娘速還兒玩具來。速賠兒菓餌來。言畢泣不止。

吁奇事奇事西班牙森嚴宮禁中竟有可通地之道耶吾乃知帝王之尊眞不如牢家之樂矣然而地道果郭懋士一人之力所能爲耶郭懋士之盜王非革命家無政府黨之主義也至此必翻起數千年大隱謀之罪案余知洪水既止烈火踵起急命太后下罪不株連之詔夜中乃行秘密裁判鞠郭懋士於宮中

其供詞曰罪人無盜王意也。盜王王威福所至五日腹所至盜王之日。三人將校。一人馭者。予同謀也。陛下以殘酷待罪人。罪人欲玩弄王。果非一日。惟適遇大閱之期。乘機而發耳。出者眞王。還者乃罪人之姪。王乃從膳料擔中臥歸也。罪人欲避耳目。於盜王三日前。姑託病。不料竟以病至禍也。余問曰。地道果爾爲乎。郭懋士大笑曰。內政不修。乃有蹊徑罪人借用之耳。余急止之曰毋多言。然侍立宮人。均面紅耳赤。遂不窮究。乃請言余偵探之主腦。何以王必爲宮中人所謀。王必在宮中要亦人人意中事。無甚奇特者也。

是太后告余失王歷史事。苟眞有心人由柏讃普訥告隱謀之電。必署有姓名。此即爲引王入彀之第一計。苟反對政府者而來賺王。必雙鵰並射。要師傅同車行。既去必不以憑式僞臥之膺鼎送至。此時余料王在宮之心已決八九。至庖人有疾而特請英醫士來診。與黑魔王之論。則余幷首謀之人亦得之矣。

蓋余請命于太后。干涉宮中瑣事。始知有庖人郭懋士以製備鮮菓汁爲陛下寵韋。一星期前。曾有王索餌菓菜汁不應褫職事。則盜王之案全落余手。至室中幼兒席

地以坐。則亦不言而喻其底有窖。故決不以師傅盜王誣也。雖然。徵余則約芬十三世恐無母子相見之日矣無以名余表其紀念曰返魂香

玉樹歌殘跡已陳　南朝宮殿柳條新
福王少小風流慣　不愛江山愛美人

小說

戀愛奇談

儂更有情

◉情葬

神女生涯原是夢英雄無奈也多情是古英雄多爲情累是古美人多爲情死藕紛難殺鵑血空啼由情生恨以恨捐軀片刻癡迷千秋佳話法蘭亞〔張彬〕伯之臣下〔柯泌〕卿云者當時一英颯青年風流名稱瀟洒自豪無端與〔茀魯〕卿之夫人結不解孽緣時則〔巴列斯坦〕之戰起柯泌隨張彬以應神聖軍之役夫人聞之未免柔腸欲折輾轉思維又覺暫時分袂頗足鎭靜良人嫉妬野心奈何河梁握別挽不斷的情絲偏又將兩人一團縛住征鼓既促淚滴既乾夫人乃探懷中同心結一事金剛石約指數枚納於柯泌袖中以爲行贐（同心結以贈者之髮與五色絲結成鑲以眞珠此當時之風俗使然也爲最多情之餽贐）握手喚一聲心同金石再結團圞時則軍樂聲喧戰旂揮處柯泌直向征途前進時乃千百九十一年於〔巴列斯坦〕〔愛卡〕之圍柯泌搴旂先登負致命巨創既不治乘情魔未絕血淚斑爛草數行書以囑侍者回呈茀魯卿之夫人書竟創更劇急

探夫人之臚儀付侍者且呼曰余死速抉出余心臟與諸書件攜贈夫人遺時柯泌卿一華華美少年竟作無定河邊之骨矣

旣凱旋侍者如命旣達茀魯卿之邸局不得入暫息于宅傍茂林深處何如法軍凱旋之日茀魯知柯泌必有未了孽緣與細君相續者特中道而瞰之侍者旣至茀魯百方脅之不認如刃其頸侍者無已遂以亡主之心臟與遺書臚儀不與茀魯之夫人而與茀魯

茀魯狂喜旣得此自報羅綱之復讐品急命圉人作羹以薦夫人夫人不知也茀魯佯問曰今日之羹滋味奚若夫人曰美哉烹飪也茀魯曰誠美矣是卿最戀愛最鍾情人之寶貝心肝也夫人不信茀魯復出柯泌之遺書與送征時之同心結約指示之夫人駭極情根欲斷紅淚如沸氣幾絕復蘇忽解頤謝良人曰幸君成全情魔之結果妾實愛此必臟妾實愛此心臟有無量之價値而憂世界無此珍重之墓以葬之今君能代相此珍重心臟之墳墓于妾腹中君之多情更甚于妾言竟即自幽于室絕食旣四日夫人一縷情魂遂于柯泌卿續未了緣于泉臺

◉接吻

聖曰好佛曰魔耶曰迷信參其原因由種種戀愛而生法國太子妃蘇國公主〔馬陘德〕也雅愛詩人〔亞倫音〕之著作特召置宮中而待以師傅禮奈亞倫音奇醜且不修邊幅宮人深惡之見而欲嘔然太子妃耽之甚深一日逍遙于宮中偶經亞倫音之室遙聞鼻息齁齁瞰之見其袒臥于榻太子妃急奔入而與之接吻既出太子妃如花之面龐印有遺垢積涕扈從侍女大驚深訝太子妃何若是之穢薄而眷顧一乞丐狀態之男子羣責其過太子妃笑曰咳不聞亞倫音有咳唾成珠之天才余並非愛其人而與之接吻余戀其口中有無數之名章妙句吐出而特與之接吻

◉片紙五千金

俚語千金買笑此尚能親見美人之顏色不料竟有以五千金買過去之戀愛者此〔裘麗雅〕詩帖之歷史所由來也〔裘麗雅〕以美人之名詞稱盛于西歐無待余嘖嘖當時端典王〔迦達誰司〕既稱雄于日耳曼而裘麗雅企慕之甚亟時綴此驍勇英王之小影于妝閣刻刻崇拜之未幾其眷顧之風聞達于瑞典王之耳膜然瑞典

王亦英雄而多情者也戀愛之心如麗雅奈好事多磨而瑞典王竟逝有〔孟德亞耶〕公者眷愛麗雅之情爲瑞典王唯一之戀敵時則竭意欲沽麗雅之歡心適新年置成十幅最美麗之詩箋綴以生手傑作附圖戀神之像而贈之果得麗雅一青盼而當時欲一占其戀愛光榮者先容如鯽咄英雄飄泊紅顏老同抱餘情委秋草曾幾何時美人已死金粉飛灰然而其賸粉殘膏之價值愈珍重矣

千七百八十四年拍賣〔維利哀〕公之圖書室忽檢出孟德西耶贈麗雅詩帖之一詠堇花一首僅剩糢糊數句其詩曰

燦爛其色爾戀愛之花兮吾其乞戀愛之土而護爾滴戀愛之水而灌爾花愁月病獨賴爾以增光兮倩君鬢雲堆裏以發幽馨（上下缺）

當時拍賣之價值僅得三百圓後陳列于博物塲索價五千八百餘圓至法蘭西革命時代此詩帖遂渡于英之骨董鋪忽來一少年贈主人銀五千强索去嗟夫美人一顰一笑傾國傾城片紙五千金戀愛之價值其亦廉矣

◉浙江省會學校一覽表

定名	浙江大學堂　原名求是書院繼改爲大學堂
住址	蒲場巷
建設人	(官立)前浙江巡撫廖壽豐創設
管理人	勞乃宣桐鄉人
駐堂辦事人數	提調一(官)　副辦一(紳)　收支一(官)　副收支一　文案一　書記一　總司書一　副司書一
教習人數	中文四　英文三　日文正一副一　算學正一副一　理化一　体操一　督課一
學級	高等豫備科
建立年月	丁酉四月求是書院開學　辛丑十月更名
每年經費	二萬七千兩
學費	不收
膳金	每月兩元四角由學生
學額	定額壹百二十人　現未開學能否足額未詳
僕人	三十餘人

				監舍一 庶務一			大學堂			自繳		
杭州府學堂	大方伯	(官立)前杭州知府林啓創設	潘鴻 杭州人	總稽察一 內稽察一 外稽察一 收支一(官) 副收支一 庶務一 書記一	中文一 英文正一副一 東文一 輿地一 算學一 體操一	中學 補習 高等小學	己亥五月養正書塾開學辛丑十月更名府學堂	一萬三千兩	不收	每月兩元四角由學生自繳	定額壹百人現未足	約二十人
安定學堂	葵巷	(私立)候選郎中胡煥獨力捐建	項藻馨 杭州人	會計一 庶務一	本國史一 外國史一 國文一 輿地一 算學兼輿地生理學一 算學副一	尋常中學兼高等小學	壬寅七月	四千三百二十	本省不收外省月收三	每月二元四角	定額第一年本省四十八外省	十三人

英文一
東文一
休操兼圖畫一
速成師範三

元

元

五人（現在收四十三人）第二年本省五十八外省十八以後逐年遞增師範生定額二十八（現收八人）

調查會稿

仁和縣學堂	太廟巷	(官立)仁和縣知縣蕭治輝遵設	王壽搢杭州人	總稽察一 內稽察一 外稽察一 收支一 庶務一	中文四 算學一 英文一	未詳	壬寅六月	六千九百元	不收	每月兩元四角	定額五十人	十四人
錢塘縣學堂	西湖岳坟	(官立)錢塘縣知縣汪文炳遵設	徐宗源杭州人	總稽察一 內稽察一 外稽察一 收支一 庶務一	中文二 算學一 英文一	尋常小學兼高等蒙學	壬寅六月	六千九百元	不收	每月兩元四角	定額五十人(現尚未足)	十四人
仁錢蒙養學堂 計十區	住址四散未及	(官立)仁錢兩縣遵辦	不知名		每區一人	無學級	壬寅八月	每區壹百二十	收脩無定數	留宿者繳膳無	無定額	

	新民民塾	東城蒙塾	宗文義塾
詳載	淳佑橋石板巷	張御史巷	皮市巷
	（公立）合衆捐資創設	（私立）	慈善公款設立
	汪欽杭州人	王慰祖杭州人	夏樹立杭州人
	無		塾正一 收支一 督課一
	教習一	教習三	歷史一 輿地一 算學正一副一
	高等 蒙學 兼尋常小學	高等 蒙學	高等 蒙學 兼尋常小
	壬寅春	癸卯春	癸卯夏
元	按月籌捐	無	五千另四
	每月半元	每月壹元	不收
定數	每月兩元四角	每月兩元四角	不收
	二十人（現未足額）	四十人	六十人
	一人	一人	十餘人

	武備學堂	蠶學館
	蒲場巷	西湖金
	（官立）前浙江巡撫廖壽豐奏辦	（官立）前杭州知府林
	伍元芝江蘇人	沈銘杭州
	提調一 稽查一 文案一 督課二 總繙譯一 繙譯二 幇繙譯一 幇文案一 收支一 管理軍械器具一 繪圖一 醫官一日本人 照料一	收支一 管儀器一 通事一
	總教習一日本人 兵器地形測量 繪圖一日本人 築城一日本人 操操二日本人 普通科二日本人	總教習一日本人 副教習一日本人
學		
	丁酉三月 己亥擴充	戊戌年
十元	三萬餘元	一萬一
	不收每月每名給雜費五百文	不收
	不收	保送生
	一百人	六十人
	三十餘人	十二人

	育英書院
沙港	塔兒巷
啓創辦	耶穌教會(立) 美國北長老會
人	裘德生 美國人
	本國二人 西國二人
郝教習二	中文六 西文三 西人
	中學
	開辦 已三十年
千兩	約二千元依人數增減西
	不收
自備考取生由館給	每年二十五元
	八十人

								人薪水在外			
蕙蘭書院	淳佑橋	（耶蘇教會立）	甘惠德美國人	中國一人 西國一人	中文六 西文男女四 西人	小學	庚子年	約八百餘元	不收	每年三十五元	一百人（現未足額）
西湖學堂 前名高等學堂癸卯年改定今名	西湖實叔塔	（耶蘇教會立）英國安立會	恭多馬英國人	中國一人 西國一人	中文一 西文一 西人	蒙學	壬寅正月	所收脩金足付開	每月收修膳洋九		三十人

	女學堂無定名	女學堂
	天漢洲橋	上
	(耶穌教會立)美國南長老會立	(耶穌教會
	麥姑娘美國人	李姑娘
	中國女一人西國女一人	中國女一人
	中女教五西女教一	中女教習
	開辦巳二十年	庚子
銷西人薪水在外	約一千餘元西人薪水在外	約
元	每年六元	不
	不收	每
	五十人	二十

調查會稿

無定名	兩浙公學 由勵志改進兩學社合併更定今名
皮市巷	小粉墻
立）美國北長老會	（學生自立）
美國人	學生公舉職員
	學監二人 學外另請幹事六人 由學生公舉
二人 西女教習一人	國文兼倫理一 歷史一 地理兼日文一 英文二 算術學生自任 物理及化學一 日語兼圖畫 体操十餘人 武備學堂學生輪流教授 以上皆義務教員不支薪水
	高等普通學
年	癸卯秋七月
四百元西人新水在外	無
收	每月一元
月三元	每月兩元四角
五人	無定額 現在學六十餘人擬擴充至三百人及四百人
	五人

◉紹興全府當業架本調查表

山陰沈復聲投

一山陰

當名	所在地	存架資本數
尙德	郡城	五九、〇〇〇、〇〇〇圓
咸和	仝	五八、〇〇〇、〇〇〇
德和	仝	六一、〇〇〇、〇〇〇
至善	仝	五六、〇〇〇、〇〇〇
正德	仝	四七、〇〇〇、〇〇〇
衍慶	仝	五六、〇〇〇、〇〇〇
衣德	仝	四一、〇〇〇、〇〇〇
延康	仝	四四、〇〇〇、〇〇〇
懷德	偏門	一八、〇〇〇、〇〇〇
協泰	安昌	三三、〇〇〇、〇〇〇
義和	安昌	二〇、〇〇〇、〇〇〇圓
嘉德	仝	二七、〇〇〇、〇〇〇
恒德	仝	三五、〇〇〇、〇〇〇
德茂	柯橋	三〇、〇〇〇、〇〇〇
同仁	仝	二八、〇〇〇、〇〇〇
泰和	仝	二八、〇〇〇、〇〇〇
延慶	仝	三〇、〇〇〇、〇〇〇
承德	仝	六、〇〇〇、〇〇〇
懷忍	斗門	二〇、〇〇〇、〇〇〇
壽宜	仝	二一、〇〇〇、〇〇〇

裕泰	斗門	二〇、〇〇〇、〇〇〇
裕德	仝	二三、〇〇〇、〇〇〇
葆昌	東浦	一〇、〇〇〇、〇〇〇
人和	仝	二四、〇〇〇、〇〇〇
源孚	仝	四、〇〇〇、〇〇〇
厚生	仝	五、〇〇〇、〇〇〇
通德	阮社	一三、〇〇〇、〇〇〇
聚泰	黨山	二〇、〇〇〇、〇〇〇
泰昇	仝	四一、〇〇〇、〇〇〇
同源	下方橋	三一、〇〇〇、〇〇〇
永興	昌安	一三、〇〇〇、〇〇〇
泰亨	仝	一八、〇〇〇、〇〇〇

二◎會◎稽

寶典	昌安	一六、〇〇〇、〇〇〇
崇仁	漓渚	一二、〇〇〇、〇〇〇
崇德	仝	六、〇〇〇、〇〇〇
大昇	華舍	一六、〇〇〇、〇〇〇
同慶	臨浦	四、〇〇〇、〇〇〇
敦復	馬安	三三、〇〇〇、〇〇〇
濟和	所前	二八、〇〇〇、〇〇〇
宏裕	陽嘉龍	一八、〇〇〇、〇〇〇
恒豫	柯山下	八、〇〇〇、〇〇〇
存仁	白魚潭	四、〇〇〇、〇〇〇
福衡		一二、〇〇〇、〇〇〇

當名	所在地	存架資本數
厚昌	郡城	六〇、〇〇〇圓、〇〇〇
榮德	仝	四〇、〇〇〇、〇〇〇
恒濟	仝	二八、〇〇〇、〇〇〇
泰安	仝	三八、〇〇〇、〇〇〇
濟安	仝	三五、〇〇〇、〇〇〇
公益	袍瀆	八、〇〇〇、〇〇〇
義思	平水	二三、〇〇〇、〇〇〇
乾章	皐埠	二九、〇〇〇、〇〇〇
愼德	東關	二〇、〇〇〇、〇〇〇
均益	仝	二一、〇〇〇、〇〇〇
尊德	仝	一九、〇〇〇、〇〇〇

◎三蕭山◎

當名	所在地	存架資本數
潤德	孫斷	八、〇〇〇圓、〇〇〇
繼德	仝	一六、〇〇〇、〇〇〇
滋德	仝	一七、〇〇〇、〇〇〇
善和	樊江	三三、〇〇〇、〇〇〇
志存	永樂	五、〇〇〇、〇〇〇
泰和	湯浦	四一、〇〇〇、〇〇〇
三泰	馬山	二二、〇〇〇、〇〇〇
集成	陶家埭	二二、〇〇〇、〇〇〇
寶典	小唫	一八、〇〇〇、〇〇〇
信義	道墟	一五、〇〇〇、〇〇〇

當名	所在地	存架資本數
仁和	龕山	二四、〇〇〇、〇〇〇圓
咸慶	仝	二四、〇〇〇、〇〇〇
皆福	仝	二一、〇〇〇、〇〇〇
同裕		二二、〇〇〇、〇〇〇
安仁		二五、〇〇〇、〇〇〇
同豫		四五、〇〇〇、〇〇〇
聚昌	錢清	一五、〇〇〇、〇〇〇
萃盛	仝	一五、〇〇〇、〇〇〇
洽豫		一六、〇〇〇、〇〇〇
元大		一四、〇〇〇、〇〇〇

四◎諸暨◎

當名	所在地	存架資本數

當名	所在地	存架資本數
同義	塘缺頭	一三、〇〇〇、〇〇〇圓
近仁	西興	二九、〇〇〇、〇〇〇
義昌	義橋	三三、〇〇〇、〇〇〇
安吉	義橋	三一、〇〇〇、〇〇〇
同慶	對村	二三、〇〇〇、〇〇〇
公和	赭山	四六、〇〇〇、〇〇〇
文思	仝	三八、〇〇〇、〇〇〇
中孚		三九、〇〇〇、〇〇〇
恩復		一四、〇〇〇、〇〇〇
恩長		二七、〇〇〇、〇〇〇

當名	所在地	存架資本數

德裕	楓橋	二〇、〇〇〇、〇〇〇
貽康	仝	五〇、〇〇〇、〇〇〇
謙裕		五九、〇〇〇、〇〇〇
積裕		一八、〇〇〇、〇〇〇
寶成		七九、〇〇〇、〇〇〇
敦厚	嶺口	一〇、〇〇〇、〇〇〇

五嵊縣

當名	所在地	存架資本數
啓源		二三、〇〇〇、〇〇〇圓
寶善		三二、〇〇〇、〇〇〇
阜成		二〇、〇〇〇、〇〇〇
積善		三〇、〇〇〇、〇〇〇
崇慶		一五、〇〇〇、〇〇〇圓
仁德		一六、〇〇〇、〇〇〇
仁壽		一一、〇〇〇、〇〇〇

六餘姚

當名	所在地	存架資本數
同裕		二五、〇〇〇、〇〇〇圓
寶源		五、〇〇〇、〇〇〇
元泰		八四、〇〇〇、〇〇〇圓
泰和	天元市	三四、〇〇〇、〇〇〇

豫泰	彭橋	三三、〇〇〇、〇〇〇
益泰	地泗門	二六、〇〇〇、〇〇〇
吉安	小路頭	二二、〇〇〇、〇〇〇
恒慶	廊下	二四、〇〇〇、〇〇〇
同慶	龕墩	一九、〇〇〇、〇〇〇
壽康	白沙路	八、〇〇〇、〇〇〇
謙泰	虎山	四〇、〇〇〇、〇〇〇

◎七上虞◎

當名	所在地	存架資本數
慶裕		二一、〇〇〇、〇〇〇圓
陳貽福		五六、〇〇〇、〇〇〇
阜成		六〇、〇〇〇、〇〇〇
貽康		二七、〇〇〇、〇〇〇
同福	崧下	六四、〇〇〇、〇〇〇
顧麟德	崧下	一六、〇〇〇、〇〇〇圓
同和	章鎮	四六、〇〇〇、〇〇〇
久康	百官	二〇、〇〇〇、〇〇〇
謙德	仝	二二、〇〇〇、〇〇〇

◎八新昌◎

當名	所在地	存架資本數

乾德	二二、〇〇〇、〇〇〇	洽和		一〇、〇〇〇、〇〇
壽丰	二二、〇〇〇、〇〇〇	善祥	黃澤	二二、〇〇〇、〇〇〇

紹郡當業。皆地方紳富組織之。其鋪夥多本地人。間有徽商。自經理人而下。有包樓副賬櫃上樓頭等名目。貸錢者持貨物作抵。當鋪以其貨值之半貸之。而取息。其息月一分至二分不等。取贖期限。以二十四個月。逾限不贖。則計其貨之值而售之。當業者與貧民社會有密接之關係者也。而當業之多寡。亦可覘其地方富戶之盛衰。與商業之消長。故當業於紹郡商業。實占重要部分。其鋪數有一二三。以外尙有停當候續者二十餘鋪。是表不載。

◉紹興府城書鋪一覽表

店名	開設年月	書籍新舊	規模	住址	程度
特別	今年正月	專售新書	平常	軒亭口	高
萬卷書樓	去年十月	專售新書兼派各報	太狹	倉橋街	高
墨潤堂	二十年前	新舊參半	平常	水澄橋	高

會文堂	七年前	新舊參半	平常	水澄橋	中
聚奎堂	二十年前	新十之三 舊十之七	平常	大善寺前	下
奎照樓	二十年前	新十之四 舊十之六	平常	水澄橋	下
永思堂	十年前	新十之三 舊十之七	極狹	軒亭口	下

◉甯波奉化縣學校一覽

龍津學

課目 倫理 國文 教育 政法 歷史 地理 論理 算術 代數 幾何 理科 英文 日文 圖畫 体操

教習 江起鯤 江成教 江起鵬 中村良一郎（日本人） 荒木彥助（日本人）

幹事（發起人前校長）江迴 （校長）江起鯤 （經理）嚴翼鋆、周曰年 （舍監）莊景仲 （會計）劉志瑾

生徒 本籍五十五人 外籍十四人

科別 普通科 師範速成科

建設 由錦溪書院改 壬寅正月

堂
- 主辦　紳辦
- 經費　學堂公費與學生自費各半

鳳麓學堂
- 課目　國文　英文　算術
- 教習　周駿聲　餘二人未詳
- 幹事　（發起人）凌康嗣　（校長）竺麐祥
- 生徒　五十二人
- 科別　分二班
- 建設　由寺院改　壬寅年
- 主辦　官辦
- 經費　學堂公費十之八　學生自費十之二

◉浙省銷場稅之一斑

上年中英商約加稅免釐業經定議所有厘卡均須裁撤浙省擬辦銷場稅仿照嘉屬認捐辦法委候補知府文錦專辦現在認定各捐開錄於左

江干湖墅紙　樓廷貞等認辦每年實解正捐錢八萬五千串（外交公所二成經費二成內回繳五厘作爲局中公費下均倣此）

富陽以下運赴甯紹杭嘉湖等處靛青　姚丙勳等認辦每年實解正捐錢二萬二千串

江干南局石油　徐炎等認辦每年實解正捐錢二千四百串

汗干南局南貨　余德清等認辦每年實解正捐錢四千四百串

義橋卡竹木板段　王師翰等認辦每年實解正捐錢二千八百串

西興卡竹木板段　李洪範等認辦　四千四百串

第十一期

游學譯編

癸卯八月十五日發行

價銀 半年六冊一元六角五分 全年十二冊一元六角五分 零售每冊一角五分 郵稅角川

●教育◎社會教育

●政治◎國家學上之支那民族觀

●歷史◎埃及滅亡慘狀記（續）

●外◎續滿州問題

●外論◎北清行商隊之組織

●傳記◎星亨（續）

●地理◎地相測算沿革談

●小說◎黃人世界

●雜纂◎美國經濟發達之一班

譯發行所 日本東京神田駿河臺鈴木町十八地 上海四馬路惠福里 明

支那留學生會舘社

每月一回陰歷望日發行

江蘇

第六期目錄

圖畫◎歐亞九傑圖○爲民族殉國閻公應元祠

社說◎中國立憲問題○江蘇與漢族之關係

特別論說◎支那保全分割合論

學說

政法◎新政府之建設（續前期）○西人之無君

教育◎教育通論（續第四期）

哲理◎哲學概論（續前期）

歷史◎新國史略

傳記◎爲民族流血史可法傳

音樂◎樂理大意

時論

滿洲之露化○支那分割之危機○支那民族之將來

小說

傳奇体◎掃清記

章回体◎明日之戰爭（續前期）痛定痛（續第三期）

記言

說苑◎書地利花奇案○謌泣集

文苑◎金陵新樂府○雜詩

記事◎本省時評內○國時評○外國時評

女學◎共愛會同人勸留學啓○祝共愛會之前途

湖北學生界改名漢聲閏月大增刊舊學目次

◉詩……一至一〇頁
●送紫巖張先生北伐●胡笳曲●二王●弔戰場●言志●紀事●和夷齊西山歌●紀事●謁文文山先生祠●浩氣吟●初六日紀事●自歎示別山●閏十一月初一夜放言●自訣●即事●贈徐似之侯智含●茫胡引●井中心史歌●貞女絕命詩●贈茗香客衲

◉詞曲……一一至一八頁
●滿江紅●水調歌頭●念奴嬌●飛龍引●風雲會●慶皇都●賀聖明●龍池宴●九重歡●鳳凰吟●萬年春●玉街行●賀聖明●喜昇平●慶皇都●永太平●鳳凰吟●龍池宴●金門樂●風雲會●清海宇●泰階平

◉詔……一九至二四頁
●明太祖命群縣立學校詔●明太祖諭吐蕃詔●明思文皇帝諭靖江王詔●明思文皇帝諭魯王詔●諭杭州士民詔

◉誥……二五至二六頁
●明太祖胡元制治

◉諭……二七至三〇頁
●明太祖諭中書省●仝上●明太祖諭孔克堅

◉制……三一至三二頁
●明思文皇帝黃蜚可掛鎮鹵將軍印總正兵制●賜金聲制

◉令諭……三三至四〇頁
●明思文皇帝監國日令諭

◉賜書……四一至四六頁
●明太祖賜元書●明太祖賜李思齊書●明太祖賜元書●明太祖賜藍玉勅書●思文皇帝與益王書

◉檄……四七至五六頁
●明太祖諭齊魯洛河燕蘇秦晉驅胡檄●弘光元年六月勅告萬方檄●明思文皇帝監國日諭浙江江西兩廣諸路出師匡復檄●再諭諸路出師匡復檄●安民檄

◉批……五七至五八頁
●賜男陛子批

◉表……五九至六四頁
●平元都捷表●征虜大將軍賀表●唐王勸進表

◉疏…………六五至七八頁
●正祀典以光聖治疏●修明敎化疏●請革祀蒙古忽必烈疏
◉箋…………七九至八二頁
●詔征軍中諫魯王不奉詔箋
◉書…………八三至八六頁
●與鄭玄岳先生書●與倪某書●與揭絹止書
◉序跋…………八七至九六頁
●跋桐廬二孫先生墓誌後●跋楊先生墓銘後◎宋元史紀事本末論正敘●皇明北虜考序●黃書後序
◉史論…………九七至一一二頁
●金亮之惡論●論北方諸儒之學●讀通鑑論
◉論…………一一三至一二八頁
●釋統上‖中‖下●後正統論●原始
◉銘…………一二九至一三〇頁
●五嶽祠銘
◉墓表…………一三一至一三二頁
●俞先生墓表
◉祭文…………一三三至一三六頁
●明太祖祭曹良臣等文●思文皇帝過仙霞嶺祭告漁梁鎮神文●祭林伯麟文●祭涂經世文
◉雜纂…………一三七至一五一頁
●記處士劉因●紀明太祖禁胡俗復中國衣冠之舊●明太祖論贊●紀瞿督師張司馬殉國●黃淳耀絕命書●江陰義民罵清縣方亨●飾航澥遺聞

每月一回朔日發行

本報定價表

全年十二冊	半年六冊	每冊
大洋二元	大洋一元一角	大洋二角

寄費視路遠近照加
閏月視零冊價照加

廣告定價表

一頁	半頁	一行四號十七字起碼
五圓	三圓	二角

凡欲惠登廣告務於本報發行前五日交到價須先惠長期酌減

本期編就已逾數月因印刷處遺失原稿數十頁已函知當筆人另行寫就是以出版復緩以後於十一月以前補足十一期以副閱者諸君之望　漢聲雜誌社白

万年屋回漕店營業項目

一、本店運送赴清韓歐美各港各都市之貨物箱篋及旅客之行李

一、本店承辦由內外各港進口時一切貨物起岸等事

一、本店經理赴內外各港旅客之取扱携帶品及行李類之通關運送憑單等事

一、進口出口貨物本店有稅關通關之手數特許

一、本店承辦保險、滙票、諸證書類、領事證明及到着國稅關合法之仕入書

一、關於海損一切之鑑定稅關及關於賦稅異議之訴願本店可代辦適用之關率

萬年屋廻漕店設立已三十餘年以多年之經驗及平素之勉勵久蒙貴客之信用如日本郵船會社專屬取扱店凡對內外各地之貨物船客本店皆可照料又可代辦進口稅關上一切之手續至對東京營直輸入之貴客尤當悉照顧計圖便利實唯一之廻漕店也

日本東京日本橋區小傳馬町

本店 万年屋回漕店

電話浪花 三百二十一番

電信略號 〇マン

出張所 江戸橋郵船會社構內

呼出電話本局六百四十四番

日本郵船株式會社貨物取扱人

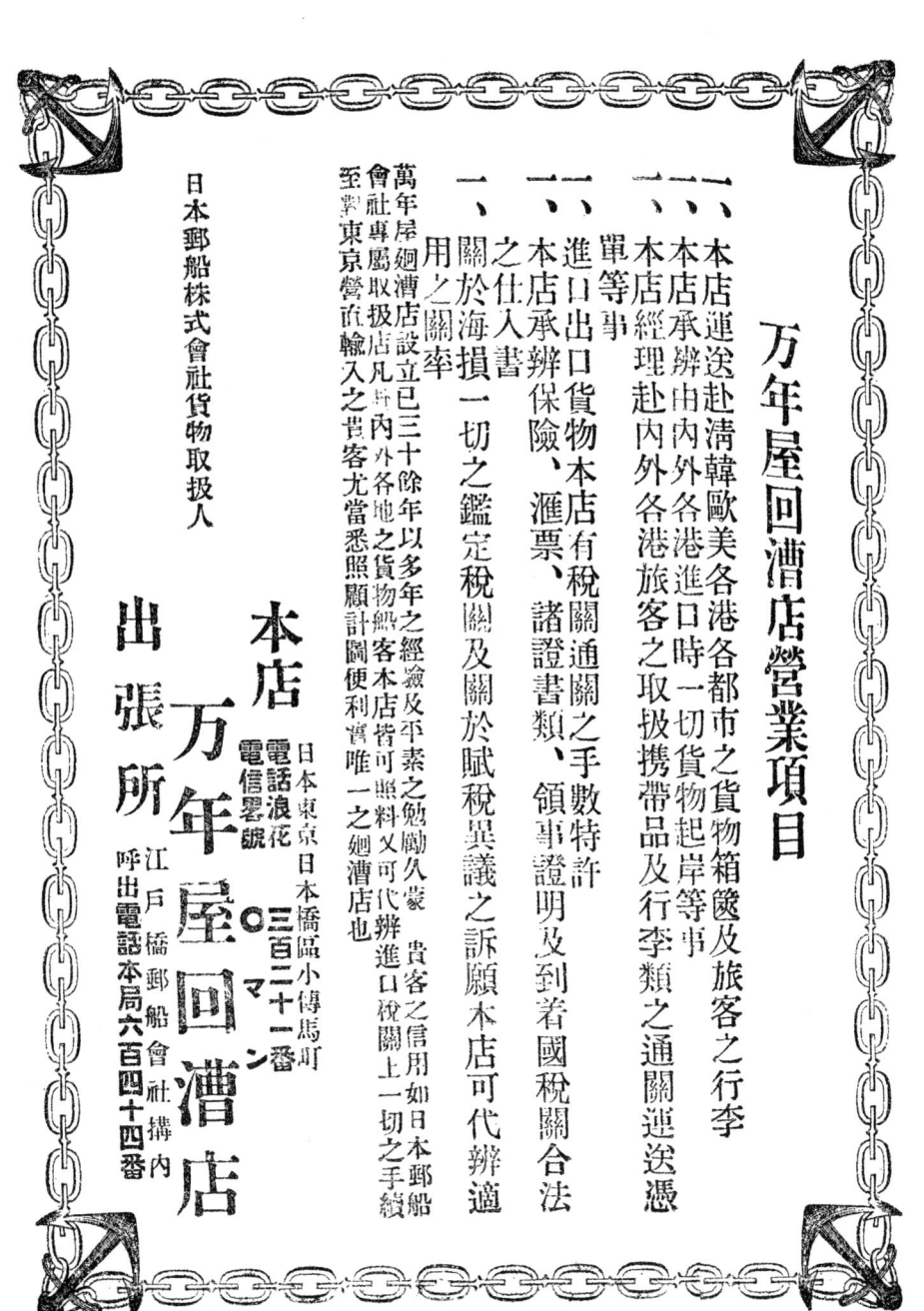

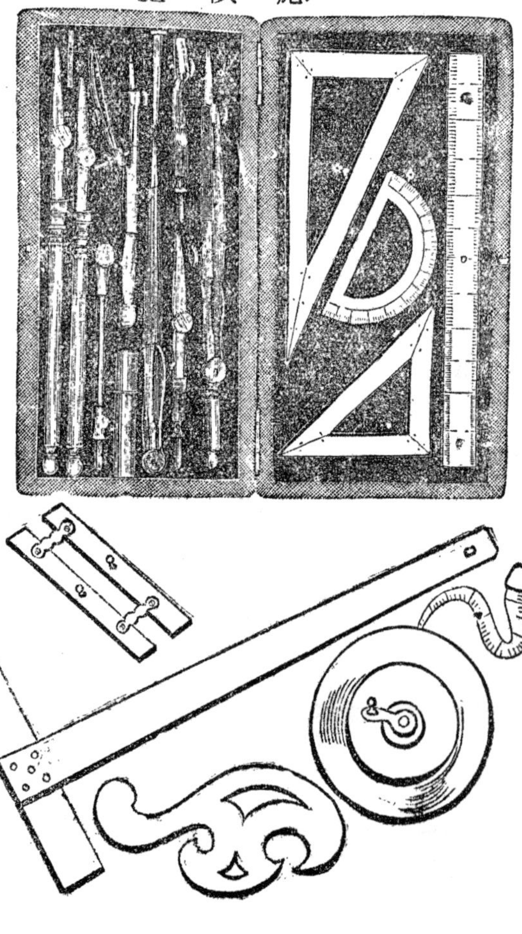

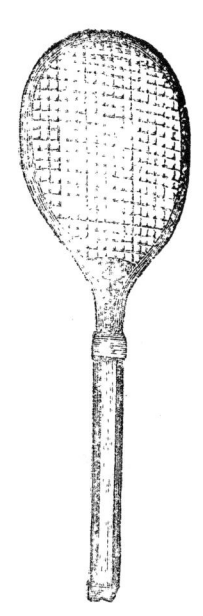

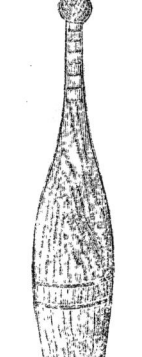

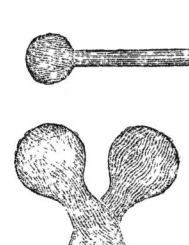

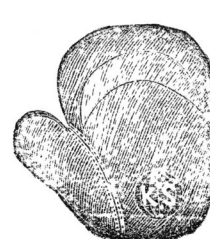

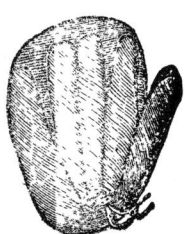

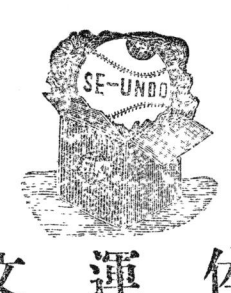

敝所蒙貴國留學諸賢囑印政法學報教科書不下數十種其紙質之精良墨色之鮮明字跡之端整業承貴國朝野士紳謬相稱許邇來遠道函託者尤覺絡繹不絕當益自奮勵廉價製造無論面訂函商俱能尅日應需特將營業種類列後倘蒙光顧不勝榮幸之至

活版部　東西書籍　各種帳簿　東西圖板　新聞告白　網目板　亞鉛板　旬報　電氣板之類

石印部　地圖　票據　滙票　告白　公司股票　各種商標　肉筆印刷　一切圖畫之類

照相部　照相製印刷銅板　三色版　照相板　美術板

日本東京淺草區黑船町廿八番地

東京並木活版所

東京並木活版所工場